深圳市建筑业科技创新能力研究报告 2023

SHENZHEN CONSTRUCTION INDUSTRY SCIENCE AND TECHNOLOGY INNOVATION CAPABILITY RESEARCH REPORT

深圳市住房和建设局　指导
深圳市建设科技促进中心　主编

中国建筑工业出版社

图书在版编目（CIP）数据

深圳市建筑业科技创新能力研究报告 . 2023 = SHENZHEN CONSTRUCTION INDUSTRY SCIENCE AND TECHNOLOGY INNOVATION CAPABILITY RESEARCH REPORT 2023 / 深圳市建设科技促进中心主编 . —北京：中国建筑工业出版社，2023.11

ISBN 978-7-112-29243-1

Ⅰ . ①深… Ⅱ . ①深… Ⅲ . ①建筑企业—技术革新—研究报告—深圳— 2023 Ⅳ . ①F426.9

中国国家版本馆 CIP 数据核字（2023）第 186330 号

责任编辑：陈夕涛　徐昌强　李　东
责任校对：刘梦然
校对整理：张辰双

深圳市建筑业科技创新能力研究报告 2023
SHENZHEN CONSTRUCTION INDUSTRY SCIENCE
AND TECHNOLOGY INNOVATION CAPABILITY RESEARCH REPORT 2023
深圳市住房和建设局　指导
深圳市建设科技促进中心　主编

*

中国建筑工业出版社出版、发行（北京海淀三里河路 9 号）
各地新华书店、建筑书店经销
华之逸品书装设计制版
北京富诚彩色印刷有限公司印刷

*

开本：850 毫米×1168 毫米　1/16　印张：12½　字数：189 千字
2023 年 11 月第一版　2023 年 11 月第一次印刷
定价：**128.00** 元

ISBN 978-7-112-29243-1
（41938）

深圳市建筑业科技创新能力研究报告
2023

指导单位： 深圳市住房和建设局

指　　导： 宋　延　郭晓宁　龚爱云　方　军

主　　编： 岑　岩

副 主 编： 李　蕾

编 写 组：（研究报告）黎晓茜　曹小艳　龚春城

（案例选编）王翌飞　张韵梓　刘　昊　郑晓斌

前言

科技创新在国家经济社会发展中具有战略支撑和引领作用。党的二十大报告提出，必须坚持科技是第一生产力、人才是第一资源、创新是第一动力。2023年4月，习近平总书记在广东调研时强调，实现高水平科技自立自强，是中国式现代化建设的关键。《中共中央 国务院关于支持深圳建设中国特色社会主义先行示范区的意见》中明确提出，践行高质量发展要求，深入实施创新驱动发展战略。百年变局下，科技创新是“关键变量”，也是高质量发展的“最大增量”。

建筑业是高质量发展的基础产业，是现代化城市建设的主力军，是城市文明典范的窗口行业，是科技创新和可持续发展的关键领域。40多年来，深圳市建筑业深入实施创新驱动发展战略，敢闯敢试，创造了“三天一层楼”的深圳速度，完成了近千项工程建设科技项目，培育国家高新技术企业近500家，形成重大科技成果超过6000项……深圳建设科技呈现跨越式发展，在行业转型升级和城市建设中贡献力量。

“十四五”时期，是我国开启全面建设社会主义现代化国家新征程的第一个五年，是深圳实现建设中国特色社会主义先行示范区第一阶段发展目标的五年，也是建筑业高质量发展的“重大战略机遇期”。2023年初，住房和城乡建设部到深圳调研，要求深圳“在住房和城乡建设领域锐意改革创新，努力在科技创新和数字化转型等方面改革创新、先行示范”。深圳市委市政府对建筑业发展高度重视，要求“重点发展建筑工业化、绿色节能建筑、建筑机器人等科技含量高的现代建筑业”，“以新型建筑工业化带动建筑业转型升级，大力推广建筑新技术、新材料、新工艺、新装备”等。《深圳市加快推进现代建筑业高质量发展的若干措施》明确提出“推动建筑业向知识密集型、资金密集型产业转型升级”。为实现以科技创新引领建筑业高质量发展，有必要充分发挥科技创新评价的“指挥棒”作用，尽快对深圳市建筑业科技创新能力及发展水平进行全面调查、客观监测、科学评价，了解优势、查找问题、明确方向，全面掌握深圳市建筑业科技创新能力和实际发展水平。除此之外，对深圳市建筑业开展科技创新能力评价，率先在全国探索建立相应评价体系，有利于填补工程建设行业科技创新评价制度的空白，对推动企业提升自主创新能力，促进行业创新发展与技术进步，加快实现现代建筑业创新转型和高质量发展具有重要意义。

自2021年起，在深圳市住房和建设局的支持指导下，深圳市建设科技促进中心持续开展建筑业科技发展现状调研及能力评价研究工作，每年发布一次《深圳市建筑业科技创新能力研究报告》，本次出版的《深圳市建筑业科技创新能力研究报告2023》为第2次发布。本报告以深圳市建筑业企业科技创新能力为评价对象，针对行业发展力、创新资源力、技术创新力、创新驱动力、成果转化力、创新贡献力六方面能力，研究构建包括6项一级指标、18项二级指标的深圳市建筑业科技创新能力评价体系，并以统计年鉴和政府部门官方数据为主要数据来源，系统评价2016—2021年深圳市建筑业科技创新能力，研究提出建筑业科技创新发展建议。

另外，本报告整理汇总了近年深圳市建筑业科技创新案例，涉及创新主体、创新技术、科技应用工程，作为附录在本报告发布。希望通过本报告让行业、社会认识和了解深圳市建筑业科技创新发展情况，引发对建筑业发展的关注和思考。愿大家携手前行，共同推进科技创新，为现代建筑业高质量发展作出新的更大贡献！

本报告是深圳市建设科技促进中心探索编制的建筑业科技创新能力研究报告，力求客观全面反映深圳市建筑业科技创新情况，也尝试与省内和国内其他城市进行对比，其中可能存在不足和疏漏之处，希望行业专家、领导和同仁批评指正，以助我们进一步完善。本报告在编制过程中得到了有关单位、领导和专家的大力支持，借此机会表示衷心感谢！

目录

第一章 建筑业科技创新发展背景

□ 全国建筑业科技创新发展成效

□ 深圳市建筑业科技创新发展历程

一、全国建筑业科技创新发展成效

近年来，我国建筑业深入实施创新驱动发展战略，大力推动建设科技创新和技术进步，科技创新工作取得显著成效，有力推动了建筑业健康发展。

科技政策体系逐步完善。住房和城乡建设部先后发布《建设工程抗震管理条例》《“十四五”住房和城乡建设科技发展规划》《关于加快发展数字家庭 提高居住品质的指导意见》《关于加强城市地下市政基础设施建设的指导意见》《关于完善质量保障体系 提升建筑工程品质的指导意见》《关于推动智能建造与建筑工业化协同发展的指导意见》《关于加快新型建筑工业化发展的若干意见》《绿色建筑标识管理办法》《工程建设标准设计管理规定》等政策规定，为建筑业科技创新工作提供了有力的政策支撑。

科技水平持续提升。我国在城镇区域规划、绿色建筑、城市基础设施和生命线工程、城市功能提升、生态居住环境改善、城市信息化管理、城市文化遗产保护与价值挖掘等方面的科技创新取得了长足进展。超高层建筑、大跨度空间结构、跨江跨海超长桥隧等特种结构工程建造技术居于世界领先水平，绿色建筑和建筑节能技术实现国际并跑，超低能耗建筑和装配式建筑技术及产品取得突破，新型建筑结构突破技术瓶颈，具有世界顶尖水准的工程项目接踵落成。大型工程装备实现国产化，建筑信息模型（BIM）技术在工程设计、生产和施工领域得到推广应用。自主研发的水处理关键核心产品和设备打破国外长期垄断。

科技支撑引领作用显著增强。人居环境科学理论和绿色技术持续创新，促进城市生态环境和居住品质明显改善。装配式建造和绿色施工技术实现规模化推广，推动建筑业转型升级。加快建设城市运行管理服务平台，高分辨率遥感、大数据、物联网等数字技术在城市规划建设管理领域实现融合应用，城市精细化管理水平显著提升。

科技创新资源不断优化。建立部省联动的科研组织管理机制，政产学研用协同创新取得新进展。组建住房和城乡建设部科学技术委员会及23个专业委员会，汇聚一批高层次创新人才。国际科技合作持续深化，“一带一路”科技创新合作成效明显，中国工程建设标准国际化深入推进。

（资料来源：科技部 住房和城乡建设部《“十四五”城镇化与城市发展科技创新专项规划》，住房和城乡建设部《“十四五”住房和城乡建设科技发展规划》）

二、深圳市建筑业科技创新发展历程

1980年8月26日，第五届全国人民代表大会常务委员会第十五次会议批准《广东省经济特区条例》，深圳、珠海、汕头经济特区诞生。2010年5月，国务院批复深圳扩大经济特区，特区范围扩大至全市。2020年，深圳迎来了经济特区建立40周年。

40多年来，深圳市建筑业深入实施创新驱动发展战略，以科技为支撑、以创新为使命，敢闯敢试、奋勇拼搏，为深圳发展成为经济实力和创新能力跻身全球前列的国际化创新型城市作出了重大贡献。

纵观深圳市建筑业科技创新发展历程，可分为四个阶段。

第一阶段（1980—1991年）：特区初创，深圳速度。

深圳特区初创时期，深圳建设者以超前的视野、严谨的作风、科学的态度，通过一系列开创性探索实践，破解城市快速建设中的难题。

建市伊始，深圳以聘请、借用、合作、商调等方式充实了大批工程建设技术人员，先后成立勘察公司、设计公司、装饰公司、安装公司、咨询公司、建筑学会等专业化机构。内地一批有实力的设计院所及各省市建筑施工企业陆续入驻，两万基建工程部队集体转业。截至1991年底，深圳长期注册的施工企业共280家，总人数达11.32万，另有勘察设计单位112家。1981年6月，深圳市成立全国首个市级工程质量监督检验站。

深圳建设者积极探索应用工程建造新技术，在国内率先大规模开展高层建筑等工程建设。国贸大厦研发应用滑模施工等创新技术，创造了“三天一层楼”的“深圳速度”，成为当时“中国第一高楼”。发展中心大厦首次引进国外隐框玻璃幕墙技术，成为国内第一座超高层钢结构建筑与隐框幕墙建筑。深南大道是深圳第一条主干道，建成路幅宽达135m、中心区最宽达350m、全长24.8km的“跨越式发展”快车道，成为特区市政道路的标志性工程和“全国市政样板工程”。以深南路为主轴线，在深南路两侧陆续建造了许多精品建筑。深圳机场、罗湖口岸火车站等投入运营。大亚湾核电站建设工程应用了33项国内外先进技术并改进创新，达到国际同类技术先进水平。以滑模技术、新型大直径灌注式打桩机、墙体材料为代表的一大批新技术、新工艺、新材料在国内率先引入应用。

邓小平同志指出，“特区是技术的窗口、管理的窗口、知识的窗口”。经过第一步的科技创新积累，为深圳建设提供了发展的“加速度”。

第二阶段（1992—2005年）：集成创新，深圳质量。

这一时期，深圳建设者坚持集成创新、制度创新、技术创新、开放创新，积极推广应用建设领域新技术、新材料、新工艺、新产品。工程建设逐步从粗放到集成、从追求速度到提升质量转变。

创新建设领域法规规章制度体系，深圳市率先颁布了全国首部工程质量监管地方性法规《深圳市建设工程质量管理条例》，制定实施了《深圳经济特区建设工程施工安全条例》《深圳经济特区建设工程监理条例》《深圳经济特区建设工程施工招标投标条例》《深圳经济特区预拌混凝土管理规定》《深圳推行新型墙体材料管理规定》《深圳市民用建筑室内环境污染检测暂行规定》《深圳市房屋建筑工程竣工验收及备案办法》等法规规章，初步建立了覆盖城市管理、资源利用、建设程序、行业规范、基建交通等城市建设领域主要环节的政策体系；以提高工程质量和创建精品建筑为目标，初步形成了质量安全规划、评价、事故应急救援、技术标准规范、施工现场监管、检测和建材管理、管理制度、责任追究、预警等九大质量安全体系。

这一阶段，深圳部分工程建造技术已经达到或接近国际先进水平。市民中心屋盖486m长、120～154m宽，中部支座最大压力2300t，支撑形式国内首创；地王大厦采用钢管混凝土柱+钢梁框架+混凝土核心筒混合结构体系，创造了“两天半一层楼”的“新深圳速度”，成为国内首个钢结构超高层建筑；以招商银行大厦为代表的150m及以上超高层建筑物达17栋；滨海大道项目采用爆破挤淤创新技术解决深厚淤泥层地质填海难题；彩虹大桥结构高度低、自重轻、施工简便，是世界首座钢—混凝土全组合大型桥梁。C60高强混凝土、高建钢等新材料及“钢管混凝土与钢结构的混合结构体系”等新技术得到广泛应用。

在这一时期，深圳开始对标国际，积极向先进国家和地区学习借鉴。组建中外专家顾问团队，广泛吸收美国、英国、日本、加拿大、新加坡等国家以及我国香港地区专业建设方案，引入低碳、生态的设计理念，赋予了深圳城市建设开阔的视野和领先的标准。1999年，深圳荣获国际建筑师协会（UIA）城市规划奖。对标新加坡及我国香港等地区的建设经验，率先引进道路绿化带、高层住宅平面形式、具有明确功能分区的现代化住宅设计等设计形式，并迅速推广至全国。2002年开始编制论证的《深圳2030城市发展策略》，提出深港共建国际都会的构想，得到了《香港2030+：跨越2023的规划远景与策略》等香港空间发展战略的积极呼应。

经过这一阶段的建设，深圳的建设体制机制更加完善，建设科技创新实力更加强大，“深圳速度”逐渐向“深圳质量”发展。

第三阶段（2006—2020年）：绿色节能，深圳品质。

这一时期，深圳不断创新城市建设发展模式，将绿色节能环保理念融入建筑业理论创新、管理创新和技术创新当中，不断提升建设工程品质，打造建筑精品。

政策法规体系日益完善。深圳市先后发布《深圳市建设科技“十一五”专项规划》《深圳市建设科技“十二五”专项规划》《深圳市建设科技“十三五”专项规划》，出台《深圳经济特区建筑节能条例》《深圳市燃气条例》《深圳经济特区物业管理条例》《深圳市建筑废弃物减排与利用条例》《深圳市绿色建筑促进办法》《深圳市建设工程新技术推广应用管理办法》等法规规章制度。为进一步贯彻落实创新驱动发展战略，深圳市住房和建设局组织实施了“深圳市‘十三五’工程建设领域科技重点计划（攻关）项目”，2020年出台《深圳市工程建设领域科技计划项目管理办法》，增强深圳市建筑业科技创新能力，促进科技进步、成果转化和推广应用。

建筑节能与绿色建筑全国领先。深圳市编制了《居住建筑节能设计规范》《公共建筑节能设计规范》《绿色建筑评价规范》《绿色建筑评价标准》等系列标准规范，“深圳标准”体系逐步完善；成为全国首个由住房和城乡建设部与地方共建的国家低碳生态示范城市，光明区（原光明新区）成为全国第一个通过国家绿色生态示范城区验收的试点区域；在大型公建能耗监测、可再生能源建筑应用、公共建筑节能改造、建筑废弃物减排与利用等领域成效显著。截至2020年底，全市已有1359个项目获得绿色建筑评价标识，总建筑面积超过1.27亿m^2，其中95个项目获得国家三星级、10个项目获得深圳铂金级绿色建筑评价标识。深圳已成为全国绿色建筑建设规模和密度最大的城市之一，被住房和城乡建设部誉为“绿色建筑先锋城市”。

装配式建筑发展形成“深圳模式”。2006年，深圳成为首个“国家住宅产业化综合试点城市”，发布了《关于加快推进深圳市住宅产业化的指导意见（试行）》《深圳市装配式建筑住宅项目建筑面积奖励实施细则》《深圳市装配式建筑专项规划（2017—2020年）》等文件，探索出“装配式建筑+绿色建筑+EPC+BIM”四位一体推进的“深圳模式”，逐步形成了贯穿工业化设计、预制部品生产、装配施工、房屋开发等全过程的新型建筑产业链。截至2020年底，全市装配式建筑项目总数已达160个，总建筑规模超过1800万m^2。

建筑信息化、智能化不断创新。这一时期，互联网、云计算、大数据、物联网等技术加速应用于深圳市工程建设领域，在全国率先开发“建设工程电子招投标交易平台”、基于BIM的建设项目智慧管理系统以及开发既有房屋结构安全隐患排查申报系统等。

超高层建筑与大跨度建筑建造技术进一步提升。平安国际金融中心为当时国内第二、深圳第一超高层建筑，应用了基于北斗系统的高精度测量技术等；华润大厦是国内首次采用密柱框架、核心筒结构体系的超高层建筑，打造内部无柱空间；深圳宝安国际机场T3航站楼采用超长混凝土结构施工技术，成为当时深圳单体建筑面积最大的公共建筑。

深圳市凭借各方面的突出表现，先后被住房和城乡建设部授予公共建筑节能监管体系试点、可再生能源建筑应用示范城市、公共建筑节能改造重点城市、装配式建筑示范城市、绿色建造试点城市、建筑垃圾治理试点城市、住宅产业化综合试点城市、工程建设标准综合实施试点城市、工程建设标准国际对标试点城市等多个专项试点示范城市称号，为全国建设科技创新提供了深圳样板与先行示范经验。

第四阶段（2021年至今）："三化"融合，深圳建造。

这一阶段，深圳全面贯彻新发展理念，抢抓"双区"驱动、"双区"叠加、"双改"示范等重大历史机遇，发展高科技含量的现代建筑业，将加快提升现代建筑业绿色低碳智能化融合发展水平作为建设科技工作的"主方向"，把光储直柔、模块化建筑、BIM、全屋智能、建筑机器人、建筑产业互联网等领域作为技术攻坚的"主战场"，全力打造"深圳建造"品牌，加快推动行业向知识密集型、资金密集型产业转型升级。

2022年4月，《深圳市现代建筑业高质量发展"十四五"规划》发布。规划提出，到2025年现代建筑业高质量发展的总体目标是建筑工业化、绿色化、标准化、智能化、精细化、国际化取得突破性进展，建筑业基本实现现代化，为创建宜居城市、枢纽城市、韧性城市、智慧城市提供重要支撑。规划强调，要以科技创新引领行业发展，各类领军企业科技研发投入达到较高水平，其中总承包及装饰类企业研究与试验发展（Research and Experimental Development，R&D）经费投入比重达到3%、勘察设计类企业达到4%、技术服务咨询类企业达到5%；新一代信息技术在建设工程得到广泛应用，具有国际领先水平的建筑产业互联网平台基本建立；新增建设科技计划项目200项，省级建筑业新技术应用示范项目160项；与国际接轨的"深圳标准"体系基本建立，制定发布工程建设地方标准不少于80部。

2022年7月，《深圳经济特区绿色建筑条例》正式施行。该条例是全国首部将工业建筑和民用建筑一并纳入立法调整范围的绿色建筑法规。条例要求，新建建筑的建设和运行应当符合不低于绿色建筑标准一星级的要求，大型公共建筑和国家机关办公建筑的建设和运行应当符合不低于绿色建筑标准二星级的要求，大力发展超低能耗建筑；鼓励和支持绿色建筑相关技术的研究、开发、示范、成果转化和推广应用，推动绿色建筑与新技术融合发展；推动新建建筑项目在勘察、设计、施工和运行管理中应用建筑信息模型等数字化技术；市、区人民政府应当促进以绿色化、数字化、智能化为特征的新型建筑工业化建造方式的发展，提高采用新型建筑工业化方式建造的建筑占新建建筑的比例，加快打造建筑产业互联网平台，促进建筑产业全要素、全产业链、全价值链的互联互通。

2022年10月，《深圳市加快推进现代建筑业高质量发展的若干措施》发布。该文件要求，坚持以创新、协调、绿色、开放、共享的新发展理念为引领，以内涵集约、绿色低碳发展为路径，树立全寿命期管理意识，鼓励建筑业与先进制造业、新一代信息技术融合创新，加强新技术、新工艺、新材料、新产品应用，全面提高建造过程绿色化、工业化、智能化水平，服务"新城建"，对接"新基建"，加快推动转型升级，通过科技创新培育新动能，不断开创高质量发展新局面，带动上下游产业链，发力成为新的经济增长点，将现代建筑业提升为深圳现代产业体系的重要组成部分，助力城市高品质建设。

2022年11月，深圳市被住房和城乡建设部授予智能建造试点城市，进一步推进智能建造与新型建筑工业化协同发展，借助新技术发展智能建造，促进建筑业与信息化、工业化深度融合，培育新产业新动能，促进建筑业从建造、制造到智造的转变。

2023年1月，深圳市住房和城乡建设工作会议召开。会议要求，深入推进住建领域科技创新，全力打造国家城乡建设智慧低碳建筑工程技术创新中心、国家数字建造深圳联合创新中心、国家城乡建设空间智能重点实验室等"十大住建重器"，为深圳建设具有全球重要影响力的科技创新中心作出住房和城乡建设系统最大程度贡献。

深圳市建筑业科技创新发展历经的上述四个阶段，也是深圳建筑业实现跨越式发展的四个阶段，科技创新在其中始终发挥着重要驱动作用，行业转型升级有力有序、行稳致远。

（部分资料来源：《深圳建设科技发展成果专刊（1980-2020）》（2021年1-2月刊）、相关政府部门印发文件）

第二章 构建建筑业科技创新能力指标体系

通过构建建筑业科技创新能力评价指标体系，力求全面、客观、准确地反映深圳市建筑业科技创新能力在创新链不同层面的特点。通过评价实践，形成一套相对完善、客观的行业科技创新评价机制，为监测评估全市建筑业科技创新发展，完善行业科技创新体制机制提供支撑。

一、建筑业范畴

根据国家统计局印发的《2017国民经济行业分类注释》，结合工程建设行业特征，工程建设行业主要涉及国民经济行业中的“建筑业”“科学研究和技术服务业”2个门类6个大类21个中类（表2-1）。

《2017国民经济行业分类注释》中与工程建设行业相关的分类　表2-1

行业门类	行业大类	行业中类
E建筑业	47房屋建筑业	471住宅房屋建筑 472体育场馆建筑 479其他房屋建筑业
	48土木工程建筑业	481铁路、道路 482水利和水运工程建筑 483海洋工程建筑 484工矿工程建筑 485架线和管道工程建筑 486节能环保工程施工 487电力工程施工 489其他土木工程建筑
	49建筑安装业	491电气安装 492管道和设备安装 499其他建筑安装业
	50建筑装饰、装修和其他建筑业	501建筑装饰和装修业 502建筑物拆除和场地准备活动 503提供施工设备服务 509其他未列明建筑业
M科学研究和技术服务业	73研究和试验发展	732工程和技术研究和试验发展
	74专业技术服务业	744测绘地理信息服务 748工程技术与设计服务

本报告基于统计年鉴中经济活动数据进行分析。因统计年鉴数据只统计到行业门类，未细分到行业大类及中类，有建筑业数据，但无科学研究和技术服务业数据，因此本报告针对“建筑业”科技创

新能力进行评价，涵盖“房屋建筑业”“土木工程建筑业”“建筑安装业”“建筑装饰、装修和其他建筑业”4个行业大类。为全面反映建筑业科技创新能力水平，在部分评价指标中也将建筑业与工程建设行业等进行了对比。

二、指标体系构建原则

建筑业科技创新能力主要涵盖以下维度：一是行业发展能力，二是创新资源投入能力，三是技术创新能力，四是企业创新能力，五是成果转化和应用能力，六是对经济增长、社会进步的贡献能力。

指标选择原则：

（1）权威性。指标数据来源于官方以及相关组织机构的统计和调查，通过正规渠道定期收集，确保基本数据的准确性、持续性和及时性。

（2）科学性。选取的评价指标应能够反映建筑业某些方面的实际创新能力，在应用过程中能够体现实用性和可扩展性，尽可能减少人为合成指标。

（3）客观性。评价思路符合科技创新发展客观规律，符合深圳市建筑业特点和发展趋势，体现可持续发展思想。

（4）先进性。在参考现有创新指标构建经验基础上，结合深圳市建筑业特点和发展趋势，创新性提出若干反映建筑业创新优势和绩效的指标。

（5）可比性。尽量选取通用指标构建评估指标体系，确保指标内涵和数据统计口径与相关规范一致。指标既可进行纵向历史发展轨迹回顾分析，又可横向与其他地区或其他行业进行对比分析。

三、指标体系与指数

（一）指标体系

根据深圳市建筑业科技创新发展实际，紧扣建筑业科技创新能力内涵，参考现有创新指标理论经验研究，构建形成涵盖行业发展力、创新资源力、技术创新力、创新驱动力、成果转化力、创新贡献力6个一级指标18个二级指标在内的深圳市建筑业科技创新能力评价指标体系（表2-2）。

深圳市建筑业科技创新能力评价指标体系　　表2-2

序号	一级指标	二级指标
1	1.行业发展力	1.1 行业总产值
2		1.2 利润总额
3		1.3 产值利润率
4	2.创新资源力	2.1 R&D人员数
5		2.2 R&D经费支出
6		2.3 R&D经费支出强度
7	3.技术创新力	3.1 科技奖获奖数
8		3.2 建设科技计划项目数
9	4.创新驱动力	4.1 高新技术企业认定数
10		4.2 高新技术企业占比
11		4.3 创新载体数
12		4.4 创新人才数
13		4.5 创新人才占比
14	5.成果转化力	5.1 新技术示范工程数
15		5.2 专利授权量
16	6.创新贡献力	6.1 按总产值计算劳动生产率
17		6.2 按竣工面积计算劳动生产率
18		6.3 科技进步贡献率

行业发展力：反映深圳市建筑业总体发展和产业基本情况。包括行业总产值、利润总额、产值利润率共3项指标。

创新资源力：反映深圳市建筑业对科技创新活动的资源投入力度。包括R&D人员数、R&D经费支出、R&D经费支出强度共3项指标。

技术创新力：反映深圳市建筑业的科技研发和应用能力。包括科技奖获奖数、建设科技计划项目数共2项指标。

创新驱动力：反映创新主体（企业）、战略科技力量（载体）、创新人才对深圳市建筑业科技创新活动的支撑水平。包括高新技术企业认定数、高新技术企业占比、创新载体数、创新人才数、创新人才占比共5

项指标。

成果转化力：反映深圳市建筑业的知识创造与科技成果转化应用能力。包括新技术示范工程数、专利授权量共2项指标。

创新贡献力：反映深圳市建筑业创新对经济社会的支撑和引领绩效。包括按总产值计算劳动生产率、按竣工面积计算劳动生产率、科技进步贡献率共3项指标。

本指标体系具有三大特点：

全过程。建筑业的科技创新活动是从创新概念提出到创新投入、技术研发、成果产出、成果转化、促进经济社会发展的一个动态全过程。本报告综合把握上述6大创新环节以及各环节之间的链式循环关系进行指标构建，体现深圳市建筑业全过程创新生态，符合科技创新发展客观规律。

全方位。建筑业科技创新能力的增强，离不开政府的引导、市场发挥配置资源的决定性作用以及各类创新主体的紧密联系和有效互动。因此，深圳市建筑业创新能力评价指标的选取充分体现上述因素的协同创新，全方位评估行业创新的潜在驱动力，引导行业构建“政产学研用资”深度融合的科技创新体系。

多要素。深圳市建筑业创新能力评价指标不局限于传统的劳动、资金等要素，更涵盖了技术、信息、资源等新兴科技要素，全面评估行业创新贡献能力。同时，创新性引入“科技进步贡献率”这一指标，测算科技进步、资金、劳动力三大要素对建筑业经济增长的贡献份额，引导行业提高对科技创新的重视程度。

（二）综合指数

指数是指以相对数的形式综合反映多种事物在数量上总变动的一种统计方法。利用指数，可以反映不同度量的社会经济现象在不同时间上总的变动程度和趋势。因此，本报告以构建的建筑业科技创新能力评价指标体系为基础，采取加权指数法计算2016—2021年深圳市建筑业科技创新能力指数，反映6年间深圳市建筑业科技创新能力的总体变化程度和趋势。“行业发展力指数”“创新资源力指数”“技术创新力指数”“创新驱动力指数”“成果转化力指数”“创新贡献力指数”为6个分指数。“深圳市建筑业科技创新能力指数”为综合指数。

本报告采用主观赋权法中的等权赋值法确定二级指标和分指数的权重。结合行业实际情况，本报告在等权赋值的基础上，根据不同二级指标的重要程度，对部分指标（加粗部分）权重做了上调，深圳市建筑业科技创新能力指数权重具体如表2-3所示。

深圳市建筑业科技创新指数权重　　表2-3

序号	综合指数	分指数（一级指标）	分指数权重	二级指标	二级指标单位	二级指标权重
1	深圳市建筑业科技创新能力指数	行业发展力指数	15%	1.1 行业总产值	亿元	30%
2				1.2 利润总额	亿元	30%
3				**1.3 产值利润率**	/	**40%**
4		创新资源力指数	20%	2.1 R&D人员数	人	20%
5				**2.2 R&D经费支出**	万元	**40%**
6				**2.3 R&D经费支出强度**	/	**40%**
7		技术创新力指数	10%	3.1 科技奖获奖数	项	40%
8				**3.2 建设科技计划项目数**	个	**60%**
9		创新驱动力指数	30%	**4.1 高新技术企业认定数**	个	**30%**
10				4.2 高新技术企业占比	/	10%
11				**4.3 创新载体数**	个	**30%**
12				4.4 创新人才数	个	20%
13				4.5 创新人才占比	/	10%
14		成果转化力指数	10%	5.1 新技术示范工程数	个	40%
15				**5.2 专利授权量**	项	**60%**
16		创新贡献力指数	15%	6.1 按总产值计算劳动生产率	（元/人）	30%
17				6.2 按竣工面积计算劳动生产率	（m^2/人）	30%
18				**6.3 科技进步贡献率**	/	40%

第三章 深圳市建筑业科技创新能力指标分析

一、行业发展力分析

行业总产值和利润作为反映行业产品、服务、资产的货币表现，是衡量行业总体价值和发展状态的重要指标。在本节，“行业发展力”聚焦“行业总产值”“利润总额”和“产值利润率”3个指标对深圳市建筑业发展状况进行研究分析。

（一）行业总产值

2016—2021年，随着深圳市城市建设发展，深圳建筑业企业生产和经营规模不断扩大，建筑业总产值逐年增长，6年累计达23175.16亿元，较2010—2015年（12448亿元）增长86.2%；年均增长615亿元，较2010—2015年（177亿）增长了2.5倍；2016—2019年增速逐年上升，2020—2021年有所回落，6年年均增速18.2%，为2010—2015年年均增速（10.0%）的1.8倍。

2021年，深圳市建筑业总产值达到历史最高值5420.68亿元，较上年增加643亿元，同比增长13.5%。全市建筑业继续保持增长的发展态势（图3-1、图3-2）。

图3-1　2003—2021年深圳市建筑业总产值走势图

（数据来源：根据《深圳市统计年鉴》整理而得）

从全市来看，2016—2021年深圳全市地区生产总值累计154559亿元，年均增速8.2%，深圳市建筑业总产值年均增速（18.2%）是全市的

2.2倍。自2017年起，深圳市建筑业总产值增速开始高于全市地区生产总值增速（图3-3）。

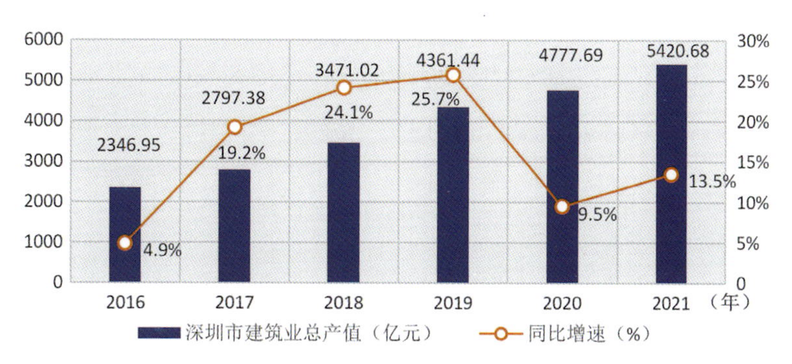

图3-2 2016—2021年深圳市建筑业总产值及增速

（数据来源：根据《深圳市统计年鉴》整理而得）

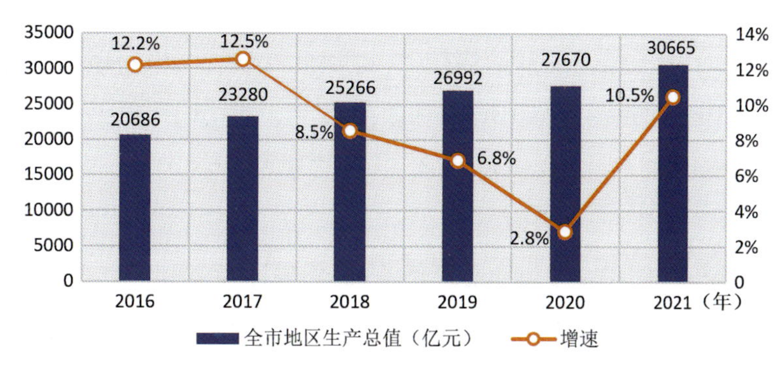

图3-3 2016—2021年深圳市地区生产总值及增速

（数据来源：根据《深圳市统计年鉴》整理而得）

从全国及部分城市建筑业来看，2016—2021年，全国建筑业总产值累计144.81万亿元。与北京、上海、广州市对比来看，北京市建筑业总产值最高，累计6.84万亿元，上海市为4.49万亿元，广州市为2.83万亿元，深圳市建筑业总产值累计2.32万亿元，深圳比北京、上海等城市建筑业总产值低的主要原因：一是与城市规模有关，深圳市的土地面积是北京市的八分之一，是上海市的三分之一，较小的土地规模导致建设规模较小，建筑业产值更低；二是与城市总部经济有关，例如北京市，为国内总部经济最发达的城市之一，特有的资源优势吸引较多建筑业企业将总部注册在北京市，企业在外地分支机构（或分公司）的产值、营业收入计算在北京总部名下，建筑业总产值相应较高，而深圳市建筑市场较为开放，一定比例的建设工程由外地企业承接，相应产值纳统至企业外地总部（据有关单位测算，2021年纳统至外地的产值1000亿元～2000亿元），因此深圳市建筑业总产值降低（图3-4）。

图3-4　2016—2021年部分城市建筑业总产值对比情况

（数据来源：根据深圳市、广州市、上海市、北京市统计年鉴整理而得）

2016—2021年，深圳市建筑业总产值年均增速为18.2%，广州市是20.6%，北京市是8.8%，上海市是9.6%。

（二）利润总额

2016—2021年，深圳市建筑业利润总额呈现先升后降态势，6年累计达到679.03亿元。2019年，深圳市建筑业利润总额达到6年峰值154.69亿元，同比增速也达到峰值27.8%。

2021年，深圳市建筑业利润总额降至6年来最低值50.69亿元，比2020年减少73.26亿元，同比降低59.1%（图3-5）。

图3-5　2016—2021年深圳市建筑业利润总额及增速

（数据来源：根据《深圳市统计年鉴》整理而得）

从全国及部分城市建筑业来看，2016—2021年，全国建筑业利润总额累计47651.2亿元。深圳市建筑业利润总额累计679.03亿元，与北京、上海、广州市对比来看，北京市建筑业利润总额最高，累计4904.4亿元，上海市为1352.61亿元，广州市为754.61亿元，深圳市建筑业利润总额为679.03亿元。

深圳市建筑业利润总额较低的主要原因与建筑业总产值偏低的原因相同，一是与城市规模有关，二是与城市总部经济有关（图3-6）。

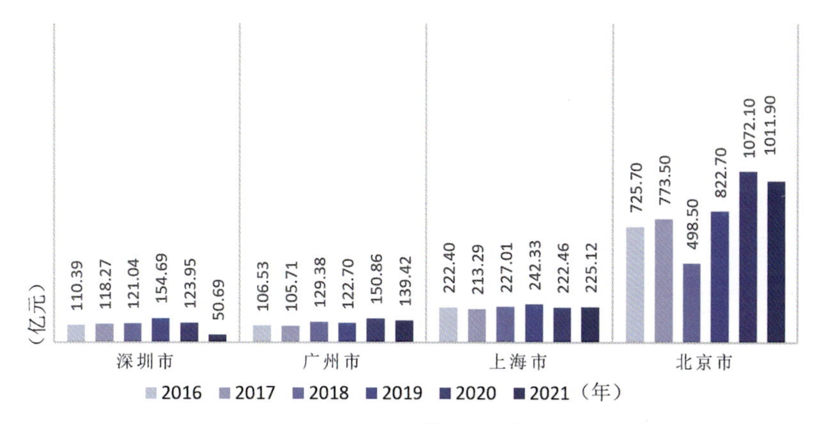

图3-6　2016—2021年部分城市建筑业利润总额

（数据来源：根据深圳市、广州市、上海市、北京市统计年鉴而得）

（三）产值利润率

本报告选用了较为通用的“产值利润率”作为指标并测算分析（产值利润率=利润总额/总产值）。

2016—2021年，深圳市建筑业产值利润率总体呈现下降趋势，平均每年降低0.6个百分点。

2021年，深圳市建筑业产值利润率降至0.9%，比上年降低1.7个百分点，为6年来最低值。2020—2021年，利润下降明显，而建筑业总产值逐渐增长，导致产值利润率大幅下降（图3-7）。

从全国及部分城市建筑业来看，2016—2021年，全国建筑业平均产值利润率为3.3%。与北京、上海、广州对比来看，北京市最高，为7.2%，上海市为3.1%，广州市为2.9%，深圳市为3.3%（图3-8）。

图3-7　2016—2021年深圳市建筑业产值利润率走势图

（数据来源：根据《深圳市统计年鉴》整理而得）

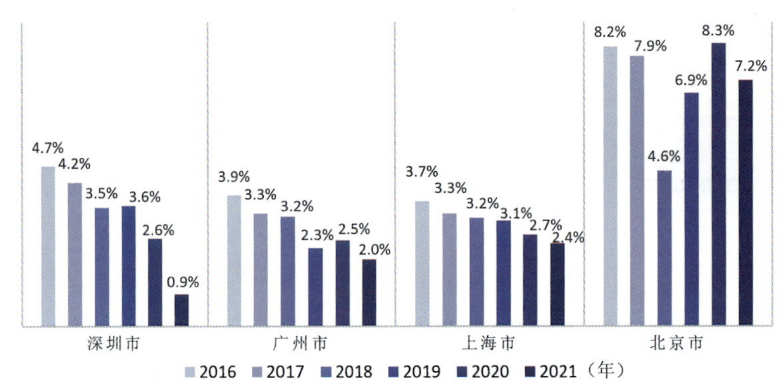

图3-8　2016—2021年部分城市建筑业产值利润率

（数据来源：根据深圳市、广州市、上海市、北京市统计年鉴整理而得）

再看其他行业，我国传统产业工业利润率一般在6%以上，规模以上服务业的利润率在14%左右。

二、创新资源力分析

创新动力很大程度上取决于创新资源，充足的创新资源是行业创新能力提升的重要基础。创新资源主要是指各种科技创新投入，包括人力、物力、财力等方面的投入要素。在本节，“创新资源力”聚焦“R&D人员数”“R&D经费支出”“R&D经费支出强度”3个指标对深圳市建筑业创新资源投入能力进行研究分析。

（说明：R&D英文全称Research and Experimental Development，国家统计局《研究与试验发展（R&D）投入统计规范（试行）》中明确R&D中文全称为“研究与试验发展”）

（一）R&D人员数

2016—2021年，深圳市建筑业R&D人员数呈现强劲增长势头，从2016年的1078人快速增加至2018年的8042人，2019年稍有回落，2020年达到峰值12267人，2021年再次回落。深圳市建筑业R&D人员数年均增速达48.2%。

2021年，深圳市建筑业R&D人员数达7696人，同比下降37.3%。其中，全时人员5606人，同比下降41.1%；非全时人员2090人，同比下降24.1%（表3-1、图3-9）。

2016—2021年深圳市建筑业R&D人员数　表3-1

指标名称	2016年	2017年	2018年	2019年	2020年	2021年
深圳市建筑业R&D全时人员数（人）	943	3977	5912	5034	9514	5606
深圳市建筑业R&D非全时人员数（人）	135	1308	2130	1579	2753	2090
深圳市建筑业R&D人员数（人）	1078	5285	8042	6613	12267	7696
增速（%）	/	390.3	52.2	-17.8	85.5	-37.3

（数据来源：根据《深圳市统计年鉴》整理而得）

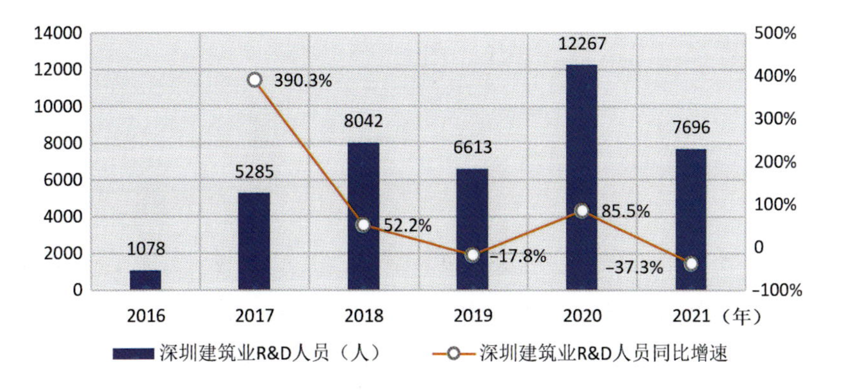

图3-9　2016—2021年深圳市建筑业R&D人员数及增速

（数据来源：根据《深圳市统计年鉴》整理而得）

从全市来看，深圳市的R&D活动起步早、基础好，2021年全市R&D人员数达443644人，年均增速为13.6%，深圳市建筑业R&D人员数年均增速（48.2%）是全市年均增速的3.5倍。深圳市建筑业R&D

人员数在全市R&D人员数的占比，从2016年的0.5%上升至2021年的2%。可见深圳市建筑业科研人才增长势头迅猛，人才投入日益增加，吸引高水平高技能人才集聚、优化人才结构和规模已成为深圳市建筑业实现高质量发展的重要抓手和持久动力（图3-10）。

图3-10　2016—2021年深圳市R&D人员数及增速

（数据来源：根据《深圳市统计年鉴》整理而得）

（二）R&D经费支出

2016—2021年，深圳市建筑业R&D经费支出逐年上升，6年累计达到137.37亿元。2021年，深圳市建筑业R&D经费支出达25.39亿元，是2016年的6.4倍，同比下降25.5%（表3-2、图3-11）。

图3-11　2016—2021年深圳市建筑业R&D经费支出及增速

（数据来源：根据《深圳市统计年鉴》整理而得）

从全市来看，2016—2021年，深圳市R&D经费支出累计7504.69亿元，年均增速14.8%，深圳市建筑业R&D经费支出年均增速（45.0%）高于全市30.2个百分点；2021年全市R&D经费支出1682.15亿元，建筑业

2016—2021年深圳市建筑业R&D经费支出统计 表3-2

指标名称	2016	2017	2018	2019	2020	2021	合计
建筑业R&D经费支出（亿元）	3.97	19.87	25.15	28.93	34.06	25.39	137.37
建筑业R&D经费支出增长率	/	400.5%	26.6%	15.0%	17.7%	-25.5%	/
按活动类型分：							
● 基础研究（亿元）	0	0	0	0	0.005	0	0.005
占比	0.00	0.00	0.00	0.00	0.02%	0.00	0.00
●应用研究（亿元）	0.216	0.553	4.523	0.531	0.805	1.054	7.682
占比	5.44%	2.78%	17.98%	1.84%	2.36%	4.15%	5.59%
●试验发展（亿元）	3.751	19.313	20.631	28.398	33.253	24.333	129.679
占比	94.56%	97.22%	82.02%	98.16%	97.62%	95.85%	94.41%
按资金来源分：							
●政府资金（亿元）	0.002	0.076	0.625	0.218	0.8	0.243	1.964
占比	0.05%	0.38%	2.48%	0.75%	2.35%	0.96%	1.43%
●企业资金（亿元）	3.047	19.791	24.494	28.712	33.263	25.145	134.452
占比	76.81%	99.62%	97.38%	99.25%	97.65%	99.04%	97.88%
●境外资金（亿元）	0	0	0.003	0	0	0	0.003
占比	0.00	0.00	0.01%	0.00	0.00	0.00	0.00
●其他资金（亿元）	0.918	0.0003	0.032	0	0	0	0.950
占比	23.14%	0.00	0.13%	0.00	0.00	0.00	0.69%

（数据来源：根据《深圳市统计年鉴》整理而得）

R&D经费支出占全市总量的比重从2016年的0.5%提升至1.5%，但是相对于建筑业增加值占全市GDP比重（3.3%）偏低。

与深圳市其他行业对比来看，2016—2021年，深圳市建筑业R&D经费支出累计137.37亿元，远低于深圳市规模以上工业的6037.37亿元和市规模以上服务业的819.48亿元。2021年深圳市建筑业增加值占全市GDP的3.3%，市规模以上工业增加值占全市GDP的33.8%，市规模以上服务业增加值占全市GDP的52.6%，建筑业R&D经费支出少与产业规模占比有关，同时也受产业利润率影响。在增速方面建筑业R&D表现出色，2016—2021年，深圳市建筑业R&D经费支出年均增速达到45.0%，是深圳市规模以上工业（10.7%）的4.2倍、规模以上服务业（30.7%）的1.5倍（图3-12）。

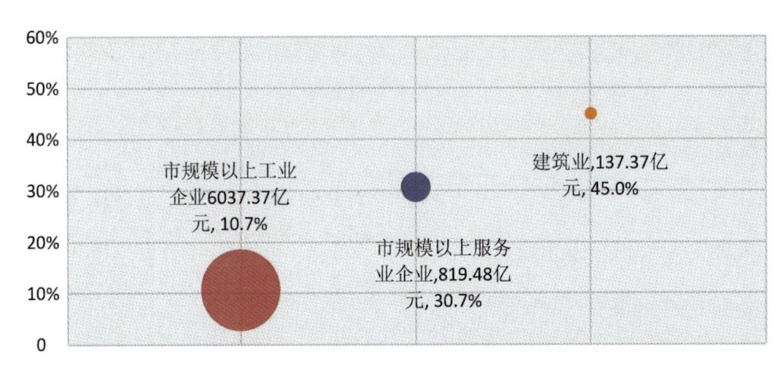

图3-12 深圳市不同行业2016—2021年R&D经费累计支出及2016—2021年年均增速对比

（数据来源：根据《深圳市统计年鉴》整理而得）

R&D经费支出结构分析，2016—2021年深圳市建筑业R&D经费中，基础研究经费累计0.005亿元，应用研究经费累计7.68亿元，占经费支出总额的5.6%，试验发展经费累计129.68亿元，占经费支出总额的94.4%。建筑业科研活动基本上为试验发展，基础研究与应用研究经费支出比重非常低，这与建筑业行业特点有关，科研工作主要为工程应用研究开发（图3-13）。

R&D经费支出资金来源分析，2016—2021年深圳市建筑业R&D经费中，企业资金支出累计134.5亿元，占经费支出总额的97.9%，政府资金支出累计1.96亿元，占经费支出总额的1.4%，境外资金支出累计0.003亿元，其他资金支出累计0.95亿元，占经费支出总额的0.7%。

由此可见，一是深圳市建筑业R&D经费将近98%为企业投入，企业在R&D投入中占主体地位，提高企业对R&D投入力度是保持深圳市建筑业R&D投入继续高速增长的重要途径；二是政府资金研发投入力度弱，政府在研发活动中起着引导作用，对于重要研发领域，政府应加大资金支持力度，组织龙头企业联合科研院所、高校集中优势科研力量开展研究；三是缺少多元化、多渠道的研发投入体系，应加大金融支持力度，促进深圳市建筑业研发投入均衡稳定发展（图3-14）。

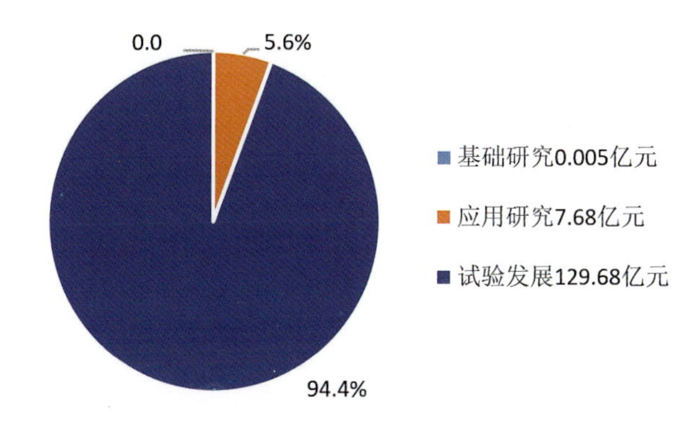

图3-13　2016—2021年深圳市建筑业累计R&D经费支出按活动类型分类

（数据来源：根据《深圳市统计年鉴》整理而得）

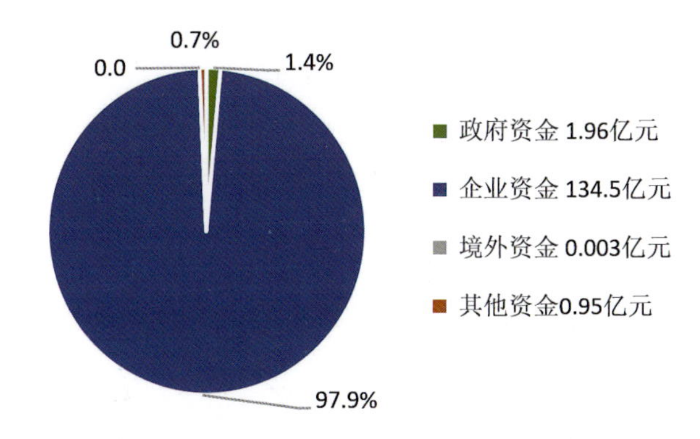

图3-14　2016—2021年深圳市建筑业R&D经费支出中各类资金来源占比

（数据来源：根据《深圳市统计年鉴》整理而得）

（三）R&D经费支出强度

R&D经费支出强度=R&D经费支出/总产值或营业收入

在2016—2021年期间，深圳市建筑业R&D经费支出强度在2016年处于较低水平，仅为0.17%；2017—2020年维持在0.7%左右；2021

年，又有所下降，为0.47%。

从全市及其他行业来看，深圳市R&D经费支出强度逐年增加，2021年达到5.49%。市规模以上工业企业R&D经费支出强度维持在3%左右，2021年为2.97%；市规模以上服务业企业R&D经费支出强度维持在1%左右，2021年为1.07%（图3-15）。

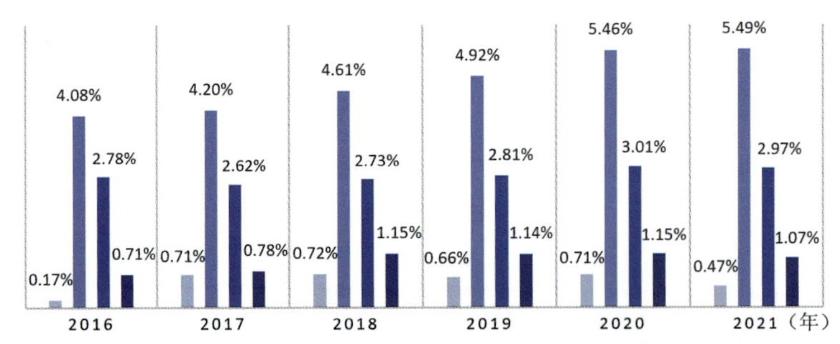

图3-15　2016—2021年深圳市全市及不同行业R&D经费支出强度

（数据来源：根据《深圳市统计年鉴》整理而得）

深圳市建筑业R&D经费支出强度较低的主要影响因素有两方面：一是行业利润率低，建筑业企业整体利润率为2%～4%，而我国传统产业工业的利润率在6%以上，规模以上服务业的利润率在14%左右；二是R&D经费投入少，2016—2021年，深圳市建筑业R&D经费支出累计值为137.37亿元，仅占全市的1.8%。

从其他行业来看，国内互联网和信息技术行业的部分知名科技企业2021年R&D费用支出强度在8%～23%，研发费用支出强度均值为15.0%（表3-3）。

部分国内互联网和信息技术科技企业R&D费用支出强度　　表3-3

企业	R&D经费支出	营业收入	R&D费用支出强度
华为	1427亿元	6368亿元	22.4%
阿里	578亿元	7173亿元	8.1%
腾讯	519亿元	5601亿元	9.3%
百度	249亿元	1245亿元	20.0%

（数据来源：根据企业2021年对外公布年度报告数据整理而得）

从国内建筑业企业来看，国内大型建筑业企业2021年研发费用支出强度在2.0%～3.6%，R&D费用支出强度均值为2.8%。其中，中国建筑股份有限公司的R&D费用支出强度由2016年的0.26%上升至2021年的2.1%，R&D费用支出强度增长约7倍，表明对科技创新重视程度明显提高（表3-4）。

2021年国内大型建筑业企业R&D费用支出强度　　表3-4

企业	R&D费用	营业收入	R&D费用支出强度
中国建筑股份有限公司	399亿元	18913亿元	2.1%
中国中铁股份有限公司	248亿元	10704亿元	2.3%
中国交通建设股份有限公司	226亿元	6856亿元	3.3%
中国铁道建筑总公司	203亿元	10200亿元	2.0%
中国电力建设股份有限公司	161亿元	4483亿元	3.6%
中国冶金科工股份有限公司	159亿元	5006亿元	3.2%
上海建工集团股份有限公司	99亿元	2810亿元	3.5%
中国能源建设集团有限公司	88亿元	3223亿元	2.7%

（数据来源：根据企业对外公布年度报告数据整理而得）

从深圳市工程建设行业企业来看，本报告选取了深圳市15家科研活动较活跃或上市的工程建设企业为研究对象（R&D费用支出强度处于行业高位），涵盖建筑业企业（含装饰企业）、设计企业、技术服务企业。这些企业包括：中建科技集团有限公司、中建科工集团有限公司、中建海龙科技有限公司、深圳广田集团股份有限公司、深圳中装建设集团股份有限公司共5家建筑业企业；华阳国际设计集团、深圳市市政设计研究院有限公司、深圳市建筑设计研究总院有限公司、深圳华森建筑与工程设计顾问有限公司、香港华艺设计顾问有限公司共5家设计企业；深圳市建筑科学研究院股份有限公司、中国建筑科学研究院有限公司深圳分公司、深圳市城市公共安全技术研究院有限公司、中冶建筑研究总院（深圳）有限公司、深圳瑞捷工程咨询股份有限公司共5家技术服务企业。通过实地调研或查询企业2021年公开年报，统计结果为，技术服务企业R&D费用支出强度最高，在4%～10%；设计企业R&D费用支出强度在3%～7%；建筑业企业R&D费用支出强度在3%～4%。

三、技术创新力分析

科技计划是政府引导和支持科技创新最基本的组织方式和最重要的履职手段。通过科技计划，能够更好地了解市场对建设科技的需求，调动和激发各类建设主体的创新能力和创新活力，引导行业企业开展前沿技术和关键核心技术，解决行业“卡脖子”技术难题，精准挖掘、孵化和培育创新性强、技术水平高、对提升建设工程品质有积极作用的新技术。科技奖获奖情况则是从另一角度评价行业技术创新成效的重要指标。在本节，“技术创新力”聚焦“科技奖获奖数”和“建设科技计划项目数”两个指标对深圳市建筑业技术创新能力进行研究分析。

（一）科技奖获奖数

从深圳市工程建设行业来看，2016—2021年，深圳市工程建设行业累计获科技奖161项，国家科学技术奖每年获奖数量约占全国同行业获奖总数的10%。其中，国家科学技术奖7项，广东省科学技术奖26项，深圳市科学技术奖20项，华夏建设科学技术奖94项，中国土木工程詹天佑奖14项。

在这些奖项中，深圳市建筑业累计获科技奖87项，其中国家科学技术奖2项，占市工程建设行业国家科学技术奖总数的28.6%，占市建筑业科技奖总数的2.3%；广东省科学技术奖13项，占市工程建设行业省科学技术奖总数的50%，占市建筑业科技奖总数的14.9%；深圳市科学技术奖12项，占市工程建设行业市科学技术奖总数的60%，占市建筑业科技奖总数的13.8%；华夏建设科学技术奖48项，占市工程建设行业华夏建设科学技术奖总数的51.1%，占市建筑业科技奖总数的55.2%；中国土木工程詹天佑奖12项，占市工程建设行业中国土木工程詹天佑奖总数的85.7%，占市建筑业科技奖总数的13.8%。市建筑业科技奖总数占市工程建设行业科技奖总数的54.0%（表3-5）。

按奖项类型划分，2016—2021年，深圳市建筑业未获得自然科学奖；获得技术发明奖3项，其中国家级、省级、市级各1项；获得科

2016—2021年深圳市工程建设行业科技奖获奖数量　　表3-5

奖项类型	2016年	2017年	2018年	2019年	2020年	2021年	合计
国家科学技术奖	0	1	2	2	2	/	7
其中：建筑业获奖数	0	1	0	1	0	/	2
广东省科学技术奖	3	3	5	4	3	8	26
其中：建筑业获奖数	2	2	4	2	0	3	13
深圳市科学技术奖	5	3	4	2	3	3	20
其中：建筑业获奖数	4	1	3	1	3	0	12
华夏建设科学技术奖	17	10	13	11	21	22	94
其中：建筑业获奖数	7	7	6	4	12	12	48
中国土木工程詹天佑奖	3	4	3	2	0	2	14
其中：建筑业获奖数	2	4	3	2	0	1	12
工程建设行业合计	28	21	27	21	29	35	161
建筑业合计	15	15	16	10	15	16	87

（数据来源：根据中华人民共和国科学技术部、广东省人民政府、深圳市科技创新委员会、华夏建设科学技术奖励委员会、住房和城乡建设部科技与产业发展中心、中国土木学会相关资料整理而得）

技进步奖15项，其中国家级1项、省级8项、市级6项。深圳市建筑业获得的科学技术奖主要为技术进步奖，科技创新集中在应用技术创新（图3-16）。

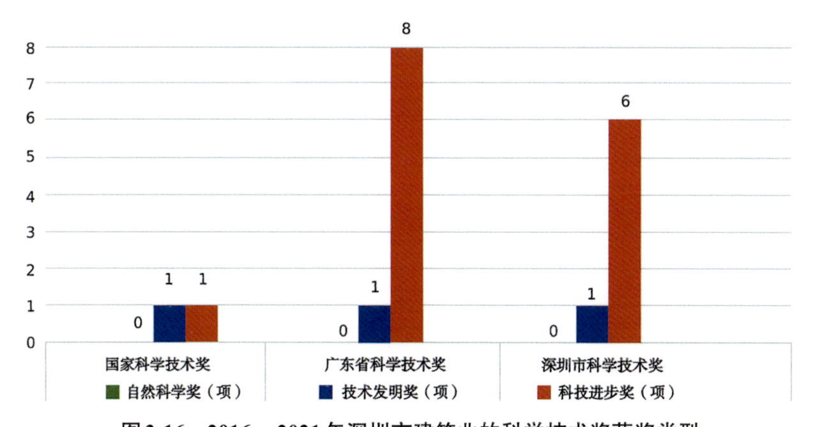

图3-16　2016—2021年深圳市建筑业的科学技术奖获奖类型

（数据来源：根据中华人民共和国科学技术部、广东省人民政府、深圳市科技创新委员会相关资料整理而得）

按获奖项目技术领域划分，2016—2021年，深圳市建筑业获奖项目涉及建筑废弃物1项（占1.3%），高性能建筑材料研发9项（占12.0%），大型复杂建筑结构体系41项（占54.7%），智能建造3项（占4.0%），绿色节能6项（占8.0%），市政基础设施建设6项（占8.0%，全部来自地铁工程），生态环保5项（占6.7%），雨水利用、消防、照明和抗震各1项（各占1.3%）。由此可见，深圳市建筑业在大型复杂建筑结构体系方面具有很强的技术优势，高性能建筑材料、绿色节能、市政基础设施建设方面也有一定优势（图3-17）。

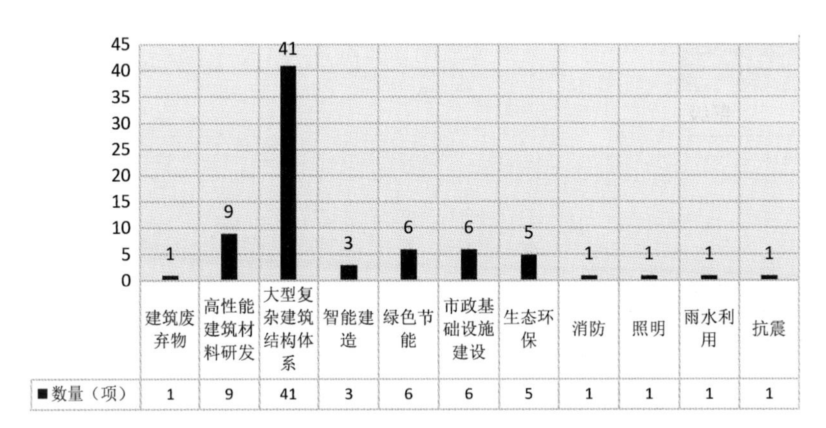

图3-17　2016—2021年深圳市建筑业的科学技术奖获奖领域

（数据来源：根据深圳市科技创新委员会相关资料整理而得）

（说明：詹天佑奖为工程奖项，无法按技术领域划分，因此未将詹天佑奖获奖项目纳入上述分析）

（二）建设科技计划项目数

深圳市实施的建设科技计划项目包括：在住房和城乡建设部立项的科学技术计划项目（简称“部级科技计划项目”）、在广东省住房和城乡建设厅立项的科技创新计划项目（简称“省级科技计划项目”）、在深圳市住房和建设局立项的深圳市工程建设领域科技计划项目（简称“市级科技计划项目”）。项目类型有软科学研究、科研开发、科技示范工程、工程建设标准、粤港澳大湾区及国际科技合作共5种类型。

其中，深圳市住房和建设局组织开展的市级建设科技计划项目工作于2019年启动，当年立项了一批市级“十三五”工程建设领域科技重点计划项目。2020年，《深圳市工程建设领域科技计划项目管理办法》印发实施。

2016—2021年，深圳市建设科技计划项目累计266个，其中深圳市建筑业参与的建设科技计划项目累计159项，占深圳市工程建设行业总数的59.8%，占全行业的一半以上，建筑业在技术攻关方面活跃度较高（表3-6）。

2016—2021年深圳市工程建设行业建设科技计划项目累计立项数量 表3-6

项目级别	项目类别及数量					合计	占比
	软科学研究	科研开发	科技应用工程	科技合作	工程建设标准		
部级	4	16	7	0	0	27	10.2%
其中：建筑业参与项目	0	9	4	0	0	13	8.2%
省级	3	12	0	0	0	15	5.6%
其中：建筑业参与项目	1	7	0	0	0	8	5.0%
市级	11	129	49	2	33	224	84.2%
其中：建筑业参与项目	6	79	48	1	4	138	86.8%
合计	18	157	56	2	33	266	/
建筑业合计	7	95	52	1	4	159	/

（数据来源：根据住房和城乡建设部、广东省住房和城乡建设厅、深圳市住房和建设局相关资料整理而得）

按项目类型划分，深圳市建筑业软科学研究7项（占总数4.4%）、科研开发95项（占总数59.8%）、科技应用工程52项（占总数32.7%）、工程建设标准4项（占总数2.5%）、粤港澳大湾区及国际科技合作1项（占总数0.6%）。科研开发和科技应用工程数量占比较高，深圳市建筑业企业在这两方面主动性和积极性较强，技术攻关潜力大；软科学研究和科技合作有待进一步加强（图3-18）。

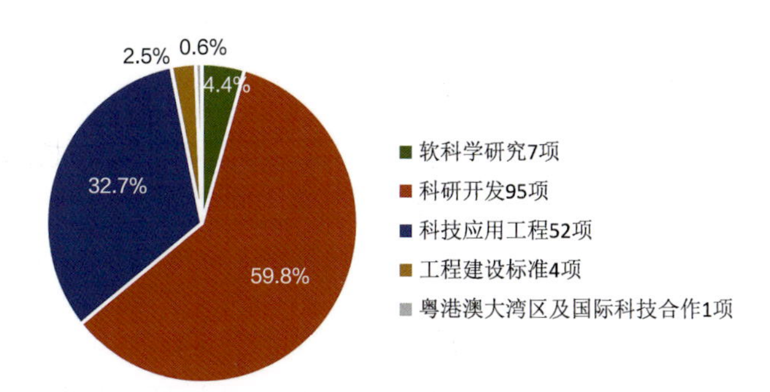

图3-18 2016—2021年深圳市建筑业建设科技计划项目类型及占比

（数据来源：根据住房和城乡建设部、广东省住房和城乡建设厅、深圳市住房和建设局相关资料整理而得）

按科研开发项目技术领域划分，2016—2021年，深圳市建筑业立项市建设科技计划项目（科研开发类）累计79个，其中绿色低碳建筑类累计14项（占17.7%），新型建筑工业化类累计19项（占24.1%），智能建造类累计26项（占32.9%），施工建设类累计12项（占15.2%），其他项目8项（占10.1%）。由此可见，2016—2021年，深圳市建筑业科研开发类项目已经聚焦于智能建造、新型建筑工业化、绿色低碳方面，其中智能建造方面的项目最多，占32.9%（图3-19）。

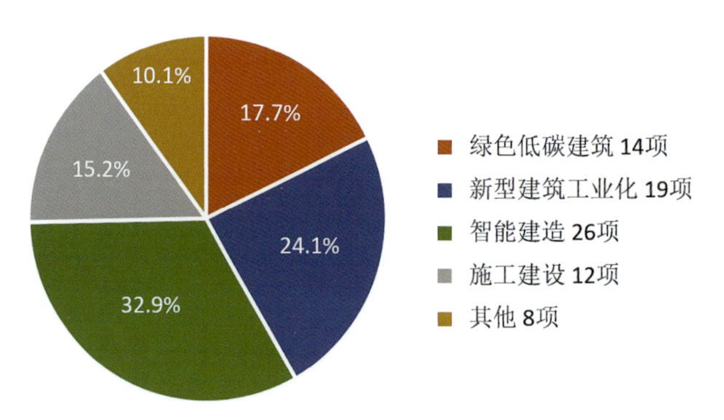

图3-19 2016—2021年深圳市建筑业市建设科技计划项目科研开发类各技术领域占比

（数据来源：根据住房和城乡建设部、广东省住房和城乡建设厅、深圳市住房和建设局相关资料整理而得）

四、创新驱动力分析

创新驱动力主要来自企业，企业是开展创新活动的重要主体和生力军。企业创新的规模与质量，在很大程度上代表着一个行业的创新能力与水平。高新技术企业、创新载体、创新人才主要来自企业、发展于企业、服务于企业，是最能体现企业科技创新活动的“风向标”。在本节，“创新驱动力”聚焦“高新技术企业认定数”“高新技术企业占比”“创新载体数”“创新人才数”“创新人才占比”5个指标对深圳市建筑业创新驱动能力进行研究分析。

（一）高新技术企业认定数

深圳市推进建设科技创新，积极培育龙头科技企业，装配式建筑、绿色建筑、建筑智能化等专业领域涌现出一些具有全国影响力的上市公司、高新技术企业，正在成为行业创新的主力军。

从高新技术企业每年认定数来看，2016—2021年，深圳市工程建设行业国家高新技术企业认定数呈稳定增长态势，年均增长率为15.4%，累计认定738家。其中，深圳市建筑业高新技术企业认定数为367家，占全市工程建设行业认定总数的49.7%，年均增长率为15.7%（表3-7、图3-20）。

2016—2021年深圳市工程建设行业和建筑业国家高新技术企业认定数量　　表3-7

指标内容	2016年	2017年	2018年	2019年	2020年	2021年	合计
工程建设行业国家高新技术企业认定数量（家）	85	94	101	111	173	174	738
其中：建筑业认定数量（家）	42	45	48	54	91	87	367

（数据来源：根据科学技术部火炬高技术产业开发中心、深圳市科技创新委员会相关资料整理而得）

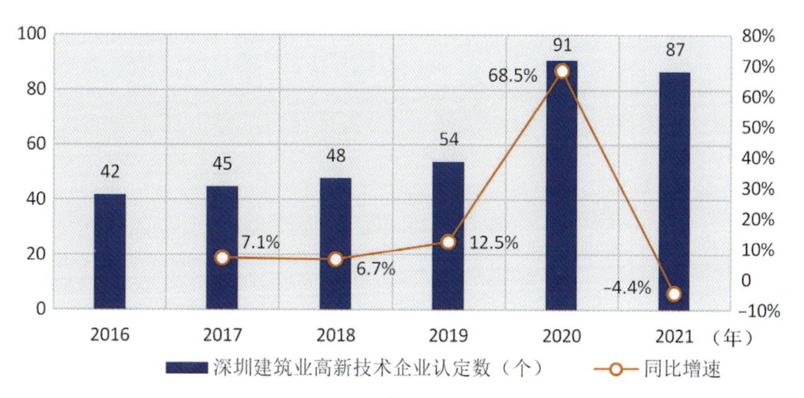

图3-20　深圳市建筑业高新技术企业认定数及占比

（数据来源：根据科学技术部火炬高技术产业开发中心、深圳市科技创新委员会相关资料整理而得）

从有效期内的高新技术企业数来看（注：国家高新技术企业认定后有效期为3年，3年后需重新申请认定），2021年末，深圳市工程建设行业在有效期内的国家高新技术企业458家，占全市高新技术企业数（21335家）的2.1%。其中，建筑业国家高新技术企业232家，占全市工程建设行业总数的50.7%。

按每亿元GDP计算来看，2021年深圳市GDP总产值达30665亿元，高新技术企业累计21335家，平均每亿元GDP对应高新技术企业0.7

家。2021年市建筑业增加值为1000.84亿元，按照深圳每亿元GDP对应高新技术企业的比例计算，市建筑业应有高新技术企业701家，而实际上仅有232家。由此可见，深圳市建筑业仍需进一步加大高新技术企业培育力度，坚持以科技创新支撑引领行业高质量发展。

（二）高新技术企业占比

2016—2021年，深圳市建筑业企业中，高新技术企业占比年均为13.4%。其中，2019年有所下降（11.7%），2020年显著回升（13.9%），2021年继续保持增长（15.4%）。其中，2019年下降主要由于建筑业企业数增长幅度较大，而高新技术企业增长幅度相对较小（图3-21）。

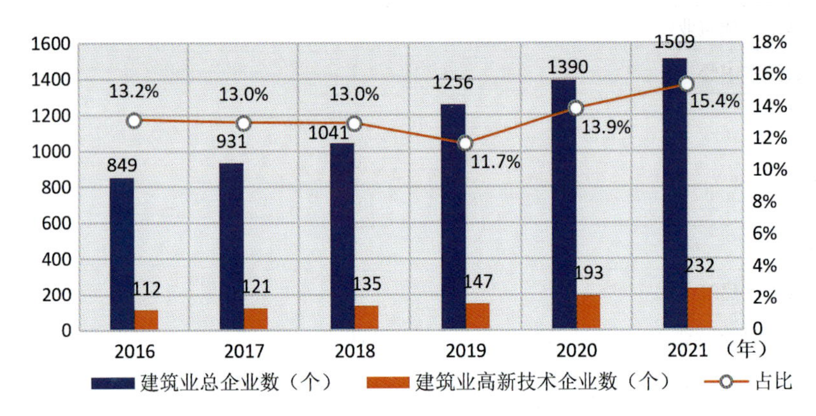

图3-21　2016—2021年深圳市建筑业高新技术企业数及占比

（数据来源：根据深圳市统计年鉴、科学技术部火炬高技术产业开发中心、深圳市科技创新委员会相关资料整理而得）

（三）创新载体数

创新载体主要指依托企业、科研机构、高等院校和其他组织建立的集聚创新人才、产生创新成果的重要平台，包括重点实验室、工程实验室、工程技术研究中心、企业技术中心、科技创新基地、博士后科研工作站、院士专家工作站等。

从创新载体每年认定数来看，2016—2021年，深圳市工程建设行业创新载体每年新增认定数为30个左右（2019年稍低），6年累计新增认定数165家。其中，深圳市建筑业每年创新载体新增认定数为20个左右，6年累计新增认定数113个（表3-8）。

2016—2021年深圳市工程建设领域各类创新载体认定数量　　表3-8

指标名称	2016年	2017年	2018年	2019年	2020年	2021年	合计	2021年末
重点实验室	2	1	1	1	3	3	11	23
其中：建筑业数量	2	1	1	0	2	0	6	15
工程实验室	4	6	1	0	0	0	11	22
其中：建筑业数量	3	4	0	0	0	0	7	18
工程技术研究中心	2	7	16	1	24	23	73	94
其中：建筑业数量	2	6	15	0	12	12	47	65
博士后科研工作站及创新基地	17	13	5	7	4	7	53	68
其中：建筑业数量	16	10	3	7	3	5	44	55
院士工作站	2	1	1	0	0	0	4	4
其中：建筑业数量	2	0	1	0	0	0	3	3
企业技术中心	0	0	1	5	3	2	11	17
其中：建筑业数量	0	0	1	1	2	1	5	11
公共服务平台	1	0	0	0	0	0	1	3
其中：建筑业数量	0	0	0	0	0	0	0	2
其他	0	0	1	0	0	0	1	1
其中：建筑业数量	0	0	1	0	0	0	1	1
工程建设行业合计	28	28	26	14	34	35	165	232
建筑业合计	25	21	22	8	19	18	113	170

（数据来源：根据深圳市发展改革委员会、深圳市科技创新委员会、深圳市工业和信息化局、深圳市人力资源和社会保障局相关资料整理而得）

从创新载体累计数来看，2021年末，深圳市工程建设行业国家、省和市级创新载体累计达到232家，占全市各类创新载体（2908家）的8.0%。其中建筑业创新载体累计170家，占深圳市工程建设行业的73.3%。

按类型分析，2021年末，深圳市建筑业累计重点实验室15个，占8.8%；工程实验室18个，占10.6%；工程技术研究中心65个，占38.2%，占比最大；博士后科研工作站及创新基地55个，占32.4%；企业技术中心11个，占6.5%；其他6个，占3.5%（图3-22）。

按技术领域分析，深圳市建筑业创新载体覆盖绿色低碳建筑、新型建筑工业化、智能建造、绿色建材、设计研究、生态可持续、施工

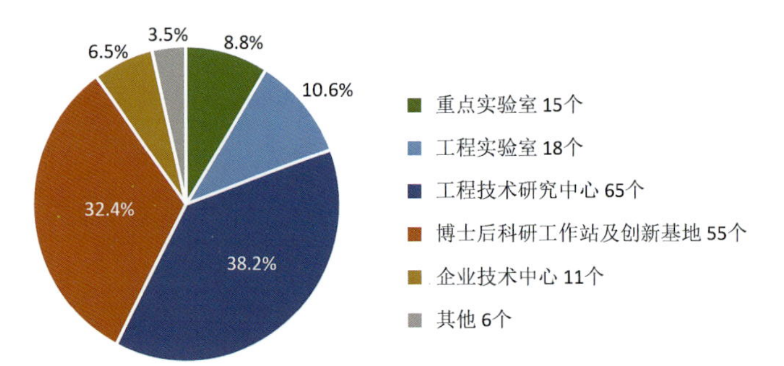

图3-22　深圳市建筑业创新载体不同类型占比

（数据来源：根据深圳市发展改革委员会、深圳市科技创新委员会、深圳市工业和信息化局、深圳市人力资源和社会保障局相关资料整理而得）

建设、市政工程等多个领域。其中，绿色低碳建筑类42个，占24.7%；新型建筑工业化类17个，占10.0%；智能建造类17个，占10.0%；绿色建材类20个，占11.8%；设计研究类9个，占5.3%；生态可持续类24个，占14.1%；施工建设类19个，占11.2%；市政工程类22个，占12.9%（图3-23）。

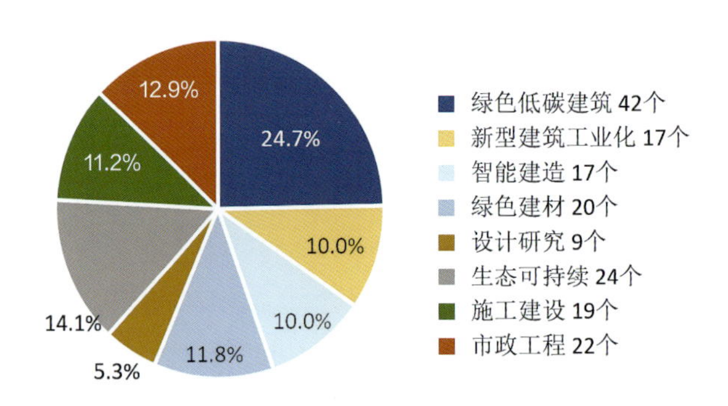

图3-23　深圳市建筑业创新载体不同技术领域占比

（数据来源：根据深圳市发展改革委员会、深圳市科技创新委员会、深圳市工业和信息化局、深圳市人力资源和社会保障局相关资料整理而得）

（四）创新人才数

搭建科研平台，吸引科研人才，增强科技成果流动性，促进科技成果转化是推进建设科技工作全面发展的重要环节。深圳市尤其重视人才的吸引，从20世纪80年代至今，吸引人才政策出台早、多、全面、深入，一直在全国遥遥领先。

从深圳市工程建设行业来看，据不完全统计，截至2021年底，深圳市工程建设领域累计培养和引进创新人才482人。其中，两院院士7人，分别是郭仁忠、孟建民、陈湘生、谢和平、欧进萍、杜彦良、岳清瑞；勘察设计大师44人，包括全国工程勘察设计大师7人、广东省工程勘察设计大师6人（占全省总数的32%）、深圳工程勘察设计大师31人；高层次人才396人，包括国家级人才30人、地方级人才127人、后备级人才239人。陆建新和叶青两位同志入选特区建立40周年创新创业人物和先进模范人物（表3-9）。

深圳市工程建设领域各类创新人才数量　　表3-9

指标名称	人数（人）	占比（%）
两院院士（含引进院士）	7	1.5%
全国工程勘察设计大师	7	1.5%
广东省工程勘察设计大师	6	1.2%
深圳市工程勘察设计大师	31	6.4%
深圳市高层次人才（国家级）	30	6.2%
深圳市高层次人才（地方级）	127	26.3%
深圳市高层次人才（后备级）	239	49.6%
其他	35	7.3%
合计	482	/

（数据来源：根据住房和城乡建设部、广东省住房和建设厅、深圳市住房和建设局、深圳市人力资源局相关资料整理而得）

从深圳市建筑业来看，截至2021年底，深圳市建筑业创新人才数累计89人，占深圳市工程建设行业创新人才数的18.5%，占比较低。

（五）创新人才占比

2016—2021年，深圳市建筑业创新人才数占全市建筑业R&D人员数的比重在2016年最高，达到1.9%；2017—2021年占比下降，处于0.4%～1.2%。深圳市建筑业R&D人员呈现快速增长趋势，而建筑业创新人才数增幅较小，因此2017年以后创新人才占比整体偏低（图3-24）。

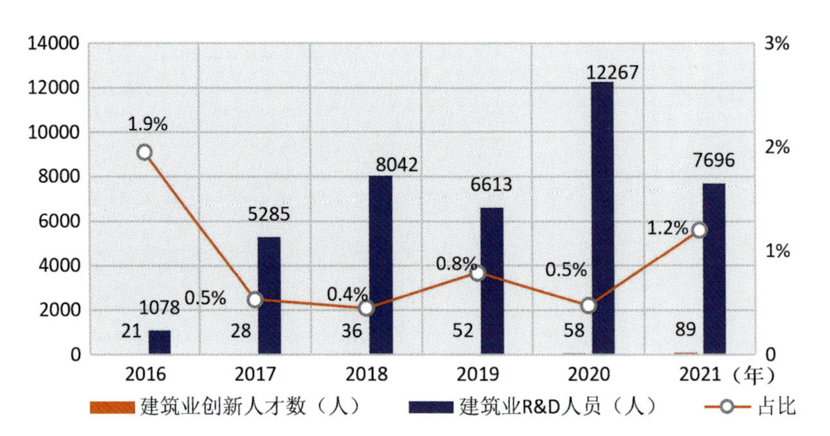

图3-24　2016—2021年深圳市建筑业创新人才数及占比

（数据来源：根据住房和城乡建设部、广东省住房和建设厅、深圳市住房和建设局、深圳市人力资源局、深圳市统计年鉴相关资料整理而得）

五、成果转化力分析

科技成果转化能力作为全过程创新生态链的重要一环，反映了一个地区或行业进行技术创新的知识产出水平和成果转化能力，也反映了地区或行业的科技创新生态状况。在本节，“成果转化力”聚焦“新技术示范工程数”和“专利授权量”两个指标综合衡量深圳市建筑业的知识创造能力与成果转化水平。

（一）新技术示范工程数

工程立项方面，2016—2021年，广东省住房和城乡建设厅累计立项“广东省建筑业新技术应用示范工程”759个，其中深圳市立项305个，占全省的40.2%，立项数量连续6年位列全省第一。2021年，全省立项265个，其中深圳市立项113个，同比增长44.9%，占42.6%（图3-25）。

工程验收方面，2016—2021年，广东省住房和城乡建设厅累计验收通过“广东省建筑业新技术应用示范工程”252个，其中深圳市验收106个，占42.1%，除2016年和2018年之外，其余年份验收数居全省第一。2021年，全省验收批次减少，全省验收通过43个，深圳市有22个，占51.2%（图3-26）。

图3-25　2016—2021年部分城市的省建筑业新技术应用示范工程立项情况（单位：个）

（数据来源：根据广东省住房和城乡建设厅相关资料整理而得）

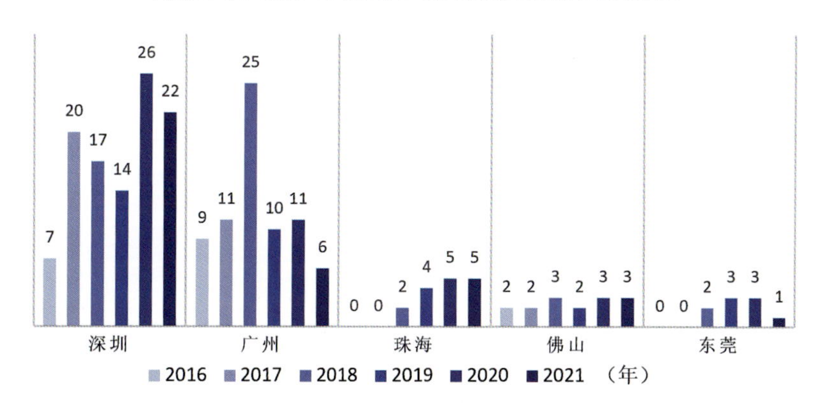

图3-26　2016—2021年部分城市的省建筑业新技术应用示范工程验收通过情况（单位：个）

（数据来源：根据广东省住房和城乡建设厅相关资料整理而得）

2021年底，深圳市累计建成广东省建筑业新技术应用示范工程176个，总建筑面积超过2800万m^2，其中130个项目达到国内领先水平。

（二）专利授权量

从深圳市工程建设行业来看，2016—2021年，深圳市工程建设行业专利授权量表现出良好的增长势头，6年累计11860件，其中发明专利授权量累计1291件，实用新型专利授权量累计10133件，外观设计专利授权量累计436件。PCT国际专利申请量累计113件。2021年，深圳市工程建设行业专利取得新突破，国内专利授权量达4546件，比2016年增长近7倍。其中发明专利授权量461件，实用新型专利授权量3941件，外观设计专利授权量144件。PCT国际专利授权量25件。知识创造能力和水平的提高为创新活力提供强有力支撑，成为增强行业自主创新能力、提高自主创新水平的重要源泉。但与全市相比，2021年全市国内专利授权279177件，工程建设行业国内专利授权量仅占全市的1.6%；全市PCT国际专利申请量17443件，工程建设行业PCT国际专利申请量仅占全市0.14%。深圳市工程建设行业专利成果产出效率相对滞后，特别是在国际上更具竞争优势的PCT专利非常少，知识产权保护还未与行业的快速发展相适应。

从深圳市建筑业来看，2016—2021年，深圳市建筑业的国内专利授权累计9118项，占全市工程建设行业的76.9%。其中，发明专利授权量累计957件，占全行业的74.1%；实用新型专利授权量累计7784件，占全市工程建设行业的76.8%；外观设计专利授权量累计377件，占全市工程建设行业的86.5%。PCT国际专利累计申请量93件，占全市工程建设行业的82.3%。深圳市建筑业专利授权量处于全市工程建设行业的较高水平，占80%（表3-10）。

按专利类型分析，2016—2021年，深圳市建筑业发明专利累计授权量占授权量总数的10.5%，实用新型专利累计授权量占授权量总数的85.4%，外观设计专利累计授权量占授权量总数的4.1%。专利类型以实用新型专利为主（图3-27）。

2016—2021年深圳市工程建设行业专利授权量　　表3-10

获奖类型	2016年	2017年	2018年	2019年	2020年	2021年	合计
国内专利授权量（件）	580	894	1592	1469	2779	4546	11860
其中：建筑业数量	465	708	1161	1079	2132	3573	9118
其中：发明专利（件）	130	150	138	176	236	461	1291
其中：建筑业数量	89	111	97	146	186	328	957
其中：实用新型（件）	424	704	1429	1226	2409	3941	10133
其中：建筑业数量	360	566	1042	873	1819	3124	7784
其中：外观设计（件）	26	40	25	67	134	144	436
其中：建筑业数量	16	31	22	60	127	121	377
PCT国际专利申请量（件）	18	12	24	10	24	25	113
其中：建筑业数量	13	7	23	9	22	19	93

（数据来源：根据中国（深圳）知识产权保护中心提供数据整理而得）

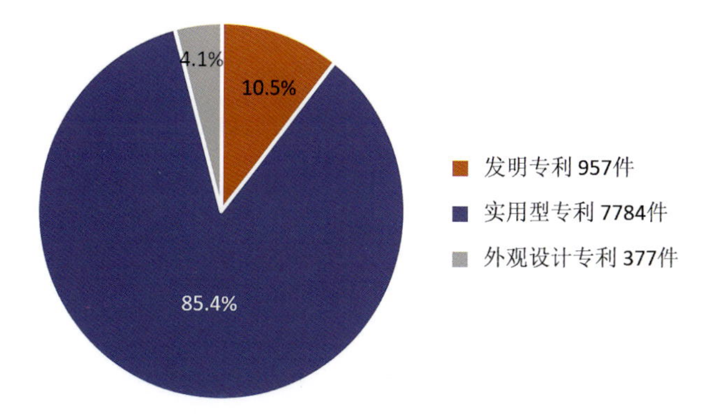

图 3-27　2016—2021 年深圳市建筑业国内专利授权量

（数据来源：根据中国（深圳）知识产权保护中心提供数据整理而得）

六、创新贡献力分析

作为国民经济的支柱产业，深圳市建筑业为全市发展作出了重要贡献。“十四五”时期是深圳市城市化、工业化和现代化的关键发展时期，研究并准确测算深圳市建筑业的科技创新对经济发展的贡献水平，可以更深刻地认识技术进步与发展壮大建筑业的内在联系，直观地反映技术进步对建筑业经济增长的贡献程度，对掌握建筑业的动态信息、制定并实施有效政策、促进相应测评体系的建立、推动经济的快速增长等具有重大意义。在本节，“创新贡献力”聚焦“按总产值计算劳动生产率”“按竣工面积计算劳动生产率”和“科技进步贡献率”3个指标对深圳市建筑业科技创新的贡献水平进行研究分析。

（一）按总产值计算劳动生产率

2016—2021年，深圳市建筑业按总产值计算劳动生产率总体呈上升趋势。劳动生产率在2018年大幅上涨，达23.1%，为6年间劳动生产率增长幅度最大的一年。2019年有所回落，2020年继续增长，但增幅较窄，2021年再次回落，很大原因是建筑行业受到疫情和市场环境的影响。

2021年，深圳市建筑业按总产值计算劳动生产率达到479856元/人，较2016年增长27.9%。需要说明的是，深圳市统计年鉴中建筑业从业人员包含工地临时劳务人员，用于计算的劳动人数基数较大，因此按总产值计算劳动生产率数据偏低（图3-28）。

图3-28 2016—2021年深圳市建筑业按总产值计算劳动生产率

（数据来源：根据《深圳市统计年鉴》整理而得）

（二）按竣工面积计算劳动生产率

2016—2021年，深圳市建筑业竣工面积累计12341.14万m^2，建筑业从业人员累计461.12万人，按竣工面积计算劳动生产率呈现波动状态，2019年劳动生产率最高，为33.1m^2/人，同比增长56.1%，2020—2021年有所回落，很大原因也是建筑行业受到疫情和市场环境的影响。

2021年，深圳市建筑业按竣工面积计算劳动生产率为29.2m^2/人，同比增加3.5%。与按总产值计算劳动生产率类似，用于计算的劳动人数基数较大，按竣工面积计算劳动生产率数据偏低（表3-11、图3-29）。

2016—2021年深圳市建筑业按竣工面积计算劳动生产率　　表3-11

	2016年	2017年	2018年	2019年	2020年	2021年	合计
建筑竣工面积（万m^2）	1212.85	1673.39	1437.09	2645.24	2468.57	2904	12341.14
建筑业从业人员（万）	60.62	65.64	67.79	79.93	87.6	99.54	461.12
按竣工面积计算劳动生产率（m^2/人）	20.01	25.49	21.20	33.09	28.18	29.17	/
增长率	-4.3%	27.4%	-16.8%	56.1%	-14.8%	3.5%	/

（数据来源：根据《深圳市统计年鉴》整理而得）

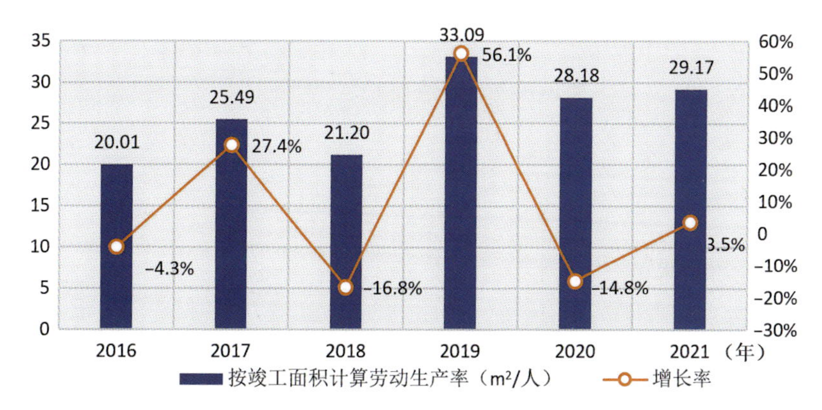

图3-29　2016—2021年深圳市建筑业按竣工面积计算劳动生产率

（数据来源：根据《深圳市统计年鉴》整理而得）

（三）科技进步贡献率

科技进步贡献率是衡量某一区域或行业科技竞争实力和科技转化为现实生产力的综合性指标，反映科技进步对经济增长的贡献。在中央人民政府工作报告、国家科技发展规划、全国科技工作会议报告以及中国科技统计年鉴中均提及过本指标。

参照有关文献，对经济增长的贡献来自三方面，分别为科技进步贡献、资本贡献以及劳动力贡献，基于此对科技进步贡献率进行计算。

本文以2016年数据为基期，得出2016—2021年深圳市建筑业科技进步年均贡献率为53.8%，反映出深圳市建筑业科技创新驱动战略初显成效，对行业贡献开始凸显。

与全国及其他行业对比，2016—2021年，我国科技进步贡献率在56%～60%，农业科技进步贡献率在56%～61%。深圳市建筑业科技进步贡献率偏低，表明建筑业仍然延续着粗放型的发展模式，对建筑业经济增长的贡献主要依靠资本和劳动力投入拉动，科技进步对产出增长所起作用尚不明显。但是也要看到，城市建设已由高速增长阶段转向高质量发展阶段，正处于转变发展方式、优化经济结构、转换增长动力的阶段，建筑业资本和劳动力对产值的影响正在逐渐减弱，科技进步对产值的贡献逐渐增强。

第四章

深圳市建筑业科技创新能力指数与综合评价

□ 深圳市建筑业科技创新能力分指数

□ 深圳市建筑业科技创新能力综合指数

□ 深圳市建筑业科技创新能力综合评价

一、深圳市建筑业科技创新能力分指数

本节基于第三章18个指标数据，测算2016—2021年深圳市建筑业科技创新能力分指数变化趋势，从科技创新6个方面把握演变轨迹，寻求促进行业科技创新发展的有效对策。

（一）行业发展力分指数

行业发展力分指数及指标历年情况表　　表4-1

年份	行业总产值		利润总额		产值利润率		行业发展力分指数
	原始数值（亿元）	权重	原始数值（亿元）	权重	原始数值	权重	
2016	2346.95	30%	110.39	30%	4.7%	40%	100
2017	2797.38		118.27		4.2%		104
2018	3471.02		121.04		3.5%		107
2019	4361.44		154.69		3.5%		128
2020	4777.69		123.95		2.6%		117
2021	5420.68		50.69		0.9%		91

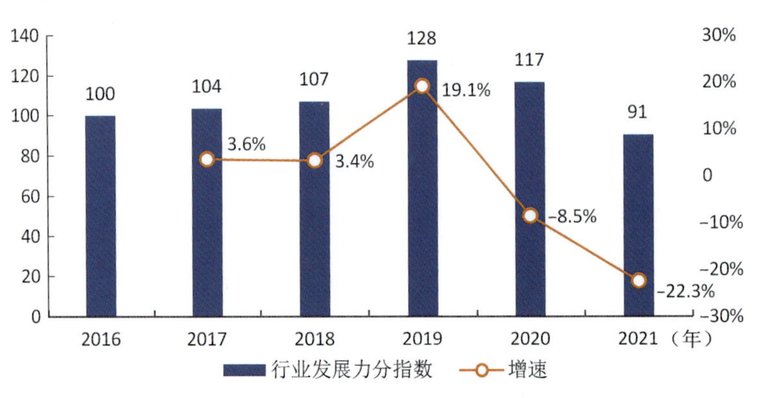

图4-1　2016—2021年行业发展力分指数及增速

行业发展力分指数分析：由表4-1和图4-1可以得出，2016—2021年，行业发展力分指数呈现先升后降的波动态势，2019年为峰值年，行业发展力分指数为128，2020—2021年有所回落，2021年行业发展力分指数降至91。同比增长率先稳步增长后出现下跌，年均增长率

为-1.9%；2019年涨幅最大，达19.1%；2020年起出现负增长，2021年是-22.3%，主要由疫情和市场影响导致建筑业利润总额、产值利润率有所下跌。

（二）创新资源力分指数

创新资源力分指数及指标历年情况表　　表4-2

年份	R&D人员数		R&D经费支出		R&D经费支出强度		创新资源力分指数
	原始数值（人）	权重	原始数值（万元）	权重	原始数值	权重	
2016	1078	20%	39666	40%	0.17%	40%	100
2017	5285		198669		0.71%		467
2018	8042		251542		0.72%		574
2019	6613		289294		0.66%		571
2020	12267		340633		0.71%		739
2021	7696		253877		0.47%		510

（数据来源：根据《深圳市统计年鉴》整理而得）

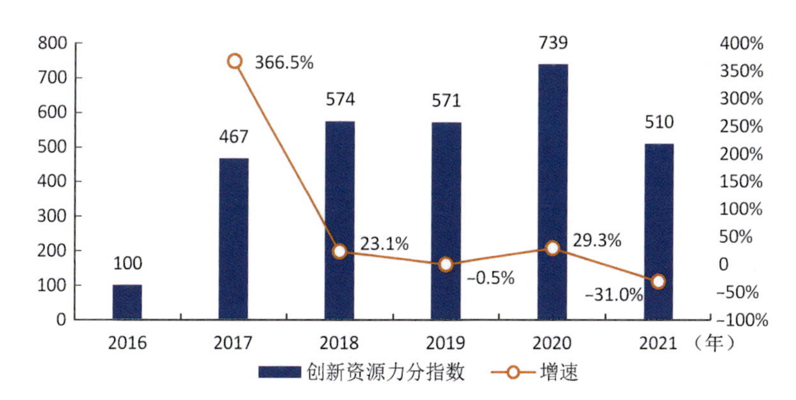

图4-2　2016—2021年创新资源力分指数及增速

创新资源力分指数分析：由表4-2和图4-2可以得出，2016—2021年，创新资源力分指数也呈现升—降的波动态势，2020年为峰值年，创新资源力分指数达739，到2021年回落至510。同比增长率整体呈现下降趋势，年均增长率达38.5%；2017年增长率高达366.5%，数值高的原因主要为R&D人员数及R&D经费支出均增长近5倍；2018—2019年降低，2020年稍有回升；2021年再次下降，达到-31.0%，主要原因为2021年的R&D人员数、R&D经费支出以及R&D经费支出强度均有所下降。据统计部门反映，建筑业R&D人员数及R&D经费支出在2016年为第一次填报，数据可能存在一些误差，导致2017年指数及增长率异常高。

（三）技术创新力分指数

技术创新力分指数及指标历年情况表　　表4-3

年份	科技奖获奖数		建设科技计划立项数		技术创新力分指数
	原始数值（项）	权重	原始数值（个）	权重	
2016	15	40%	15	60%	100
2017	15		17		108
2018	16		21		127
2019	10		24		123
2020	15		22		128
2021	16		60		283

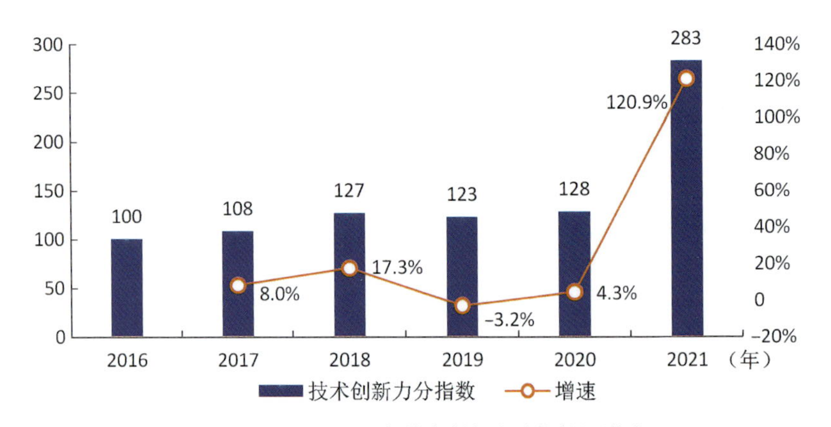

图4-3　2016—2021年技术创新力分指数及增速

技术创新力分指数分析：由表4-3和图4-3可以得出，2016—2021年，技术创新力分指数整体表现出强劲的增长态势，2019年略有下降，2021年达到峰值（283）。同比增长率先小幅度波动后大幅度增长，年均增长率为23.1%；2021年涨幅最大，达120.9%，主要原因为2021年《深圳市工程建设领域科技计划项目管理办法》发布实施，各单位积极申报市建设科技计划项目。

（四）创新驱动力分指数

创新驱动力分指数及指标历年情况表　　表4-4

<table>
<tr><th rowspan="2">年份</th><th colspan="2">高新技术企业认定数</th><th colspan="2">高新技术企业占比</th><th colspan="2">创新载体数</th><th colspan="2">创新人才数</th><th colspan="2">创新人才占比</th><th rowspan="2">创新驱动力分指数</th></tr>
<tr><th>原始数值（个）</th><th>权重</th><th>原始数值</th><th>权重</th><th>原始数值（个）</th><th>权重</th><th>原始数值（人）</th><th>权重</th><th>原始数值</th><th>权重</th></tr>
<tr><td>2016</td><td>25</td><td rowspan="6">30%</td><td>13.2%</td><td rowspan="6">10%</td><td>25</td><td rowspan="6">30%</td><td>7</td><td rowspan="6">20%</td><td>1.9%</td><td rowspan="6">10%</td><td>100</td></tr>
<tr><td>2017</td><td>35</td><td>13.02%</td><td>21</td><td>7</td><td>0.5%</td><td>100</td></tr>
<tr><td>2018</td><td>48</td><td>13.02%</td><td>22</td><td>8</td><td>0.4%</td><td>119</td></tr>
<tr><td>2019</td><td>54</td><td>11.72%</td><td>8</td><td>16</td><td>0.8%</td><td>133</td></tr>
<tr><td>2020</td><td>91</td><td>13.92%</td><td>19</td><td>6</td><td>0.5%</td><td>162</td></tr>
<tr><td>2021</td><td>87</td><td>15.42%</td><td>18</td><td>31</td><td>1.2%</td><td>233</td></tr>
</table>

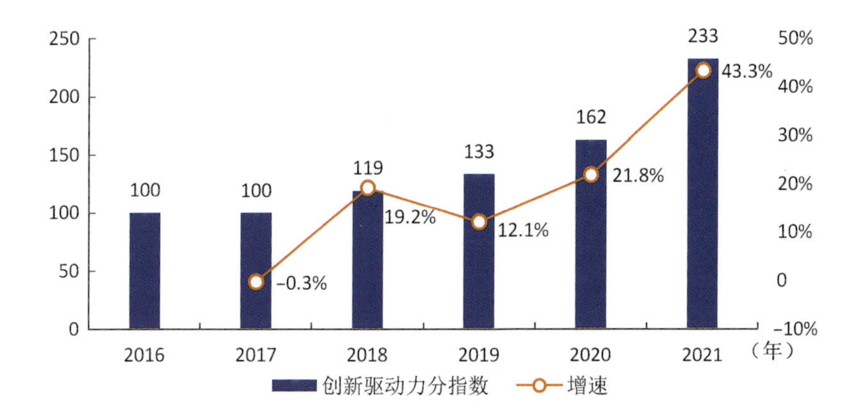

图4-4　2016—2021年创新驱动力分指数及增速

创新驱动力分指数分析：由表4-4和图4-4可以得出，2016—2021年，创新驱动力分指数整体呈现持续增长态势，2021年达到峰值（233）；同比增长43.3%。同比增长率整体呈增长态势，年均增长率为18.4%；2019年有所下降，主要原因为当年创新载体新增数较少；2021年达到峰值（43.3%）。

（五）成果转化力分指数

成果转化力分指数及指标历年情况　　表4-5

年份	新技术示范工程数		专利授权量		成果转化力分指数
	原始数值（个）	权重	原始数值（个）	权重	
2016	7	40%	465	60%	100
2017	20		708		206
2018	17		1161		247
2019	14		1079		219
2020	26		2132		424
2021	22		3573		587

图4-5　2016—2021年成果转化力分指数及增速

成果转化力分指数分析：由表4-5和图4-5可以得出，2016—2021年，成果转化力分指数整体呈现较强的增长态势，2019年略有下降，2021年达到峰值（587）。同比增长率呈现明显的降—升—降态势，年均增长率达到42.5%；2017年增速最大，达到105.6%；2019年增速最小，为-11.3%；2021年增速为38.5%。2019年指数下降的原因主要为广东省新技术应用示范工程数略有下降，属于正常波动。2021年大幅增长的主要原因为专利授权量增长明显。

（六）创新贡献力分指数

创新贡献力分指数及指标历年情况表　　表4-6

年份	按总产值计算产率		按竣工面积计算		科技进步贡献率		创新贡献力分指数
	原始数值（元/人）	权重	原始数值（m^2/人）	权重	原始数值	权重	
2016	375253	30%	20.0	30%	79.3%	40%	100
2017	386146		25.5		63.7%		101
2018	475213		21.2		46.9%		93
2019	474309		33.1		53.8%		115
2020	482331		28.2		40.4%		101
2021	479856		29.2		38.4%		102

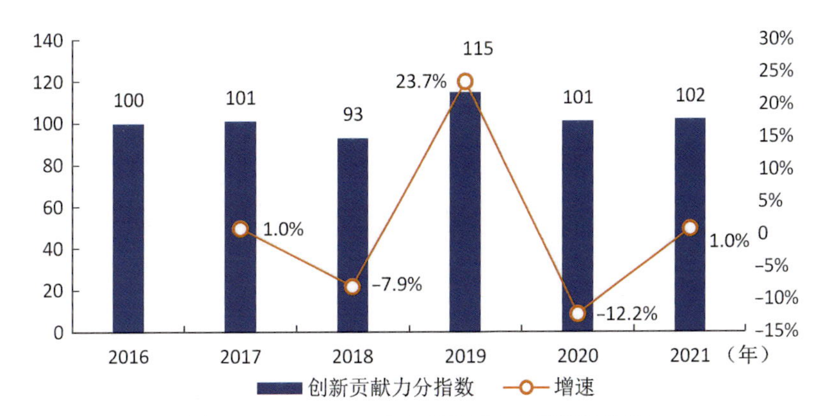

图4-6　2016—2021年创新贡献力分指数及增速

创新贡献力分指数分析：由上述表4-6和图4-6可以得出，2016—2021年，创新贡献力分指数整体在100上下浮动，2019年为峰值年，创新贡献力分指数为115。同比增长率呈波动态势，年均增长率为0.4%；2019年上升至最高点23.7%，2020年下降至最低点-12.2%。2016—2021年平均科技进步贡献率为53.8%，表明科技进步贡献开始逐渐增强。

2016—2021年，深圳市建筑业科技创新能力6个分指数趋势汇总如下：

创新资源力分指数变化趋势最为明显，整体呈现强劲增长态势，说明行业对研发人员投入和经费投入越来越重视，相应力度不断加强；

2021年分指数有所下降，很大程度上是受到行业利润大幅下降的影响。

成果转化力分指数呈现快速增长态势，说明建设科技成果转化活力不断激发，加快推动建设科技成果转化为现实生产力。

技术创新力、创新驱动力两个分指数波动趋势类似，整体呈现较稳定增长态势，表明这两个分指数存在一定的关联性，技术创新的活跃程度影响了创新企业、创新载体、创新人才的发展，创新企业、创新载体、创新人才的增长带动了技术研发与创新。

行业发展力、创新贡献力两个分指数波动趋势类似，表明这两个分指数存在一定关联性，行业产值及利润很大程度上决定了科技进步水平，科技进步影响着经济增长；行业发展力分指数在2020—2021年出现下跌，部分原因为受疫情和市场环境影响，还有部分原因为受数据统计影响；创新贡献力分指数呈现下跌后回升的态势，科技进步对经济发展的贡献尚未发挥决定性作用，但从发展趋势来看科技创新动力作用已开始增强（图4-7）。

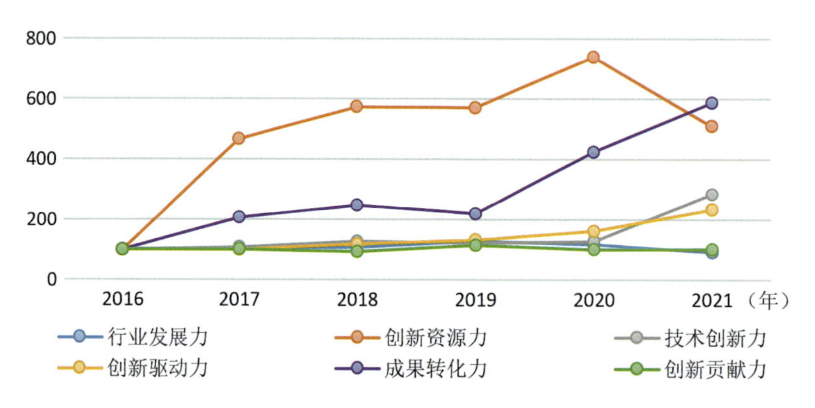

图4-7　2016—2021年深圳市建筑业科技创新能力各分指数增长趋势

二、深圳市建筑业科技创新能力综合指数

根据2016—2021年的深圳市建筑业科技创新能力分指数测算结果，对2016—2021年的深圳市建筑业科技创新能力综合指数进行测算与分析如下：

科技创新能力综合指数及分指标历年情况表　　表4-7

年份	综合指数	分指数					
	建筑业科技创新能力	行业发展力	创新资源力	技术创新力	创新驱动力	成果转化力	创新贡献力
2016	100	100	100	100	100	100	100
2017	185	104	467	108	100	206	101
2018	218	107	574	127	119	247	93
2019	225	128	571	123	133	219	115
2020	284	117	739	128	162	424	101
2021	288	91	510	283	233	587	102

图4-8　深圳市建筑业科技创新能力综合指数及增长率情况

如表4-7和图4-8所示，2016—2021年，深圳市建筑业科技创新能力综合指数呈现稳定增长趋势。2016年为基期，科技创新能力综合指数为100；2017年深圳市建筑业科技创新能力加速提升，综合指数达185；相比2017年，2018—2021年呈现小幅度增长趋势。2021年创新能力综合指数创新高，达到288。

从总体趋势来看，深圳市建筑业科技创新能力综合指数呈现以下两个基本特征：

第一，总体呈上升态势。2016—2021年，深圳市建筑业科技创新能力综合指数年均增速23.6%，高于建筑业生产总值平均增速18.2%，2021年综合指数增长至288，比2016年增长了188.0%。18个科技创新能力二级指标中，13个指标实现正增长，占72.2%，其中专利授权量、R&D人员数、R&D经费支出增长明显，年均增长率分别达到50%、

48%、45%，创新人才数、建设科技计划项目数、新技术示范应用工程数增长较快，年均增长率分别达到35%、32%、26%。深圳市建筑业科技创新整体态势向上发展，行业对科技创新的重视程度逐渐增强。

第二，增速波动起伏。2016—2021年，深圳市建筑业科技创新能力综合指数增速呈现波动态势：2017年为增速最高点，之后逐年降低，2020年回升至26.2%，2021年再次下降至1.8%，年均增速约23.6%。究其原因，很大程度上是由于近年来建筑业发展下行造成利润总额下降，导致在R&D人员、R&D经费方面的投入不稳定。深圳市建筑业科技创新受行业经济状况影响明显，科技创新在行业发展中的支撑作用尚未显现。深圳市建筑业发展仍以要素驱动为主，尚未转为创新驱动发展（表4-8）。

三、深圳市建筑业科技创新能力综合评价

2016—2021年，深圳市建筑业深入实施创新驱动发展战略，贯彻落实新发展理念，创新体系不断完善，创新能力不断提升，创新型产业保持良好发展势头，创新资源投入稳步增长，技术创新不断深化，企业、载体和人才对创新的驱动作用持续增强，科技创新成果转化日益显著，科技创新对经济社会发展的支撑和引领作用逐步增强，行业朝着创新转型和高质量发展的方向不断前行。

（一）行业发展总体平稳

总产值逐年增长。2016—2021年，深圳市建筑业总产值较2010—2015年增长86.2%，年均增长量较2010—2015年增长了2.5倍。自2017年起，深圳市建筑业总产值增速开始高于全市地区生产总值增速。2021年，深圳市建筑业总产值达到历史最高值5420.68亿元，同比增长13.5%。行业整体生产能力有所提升，支柱作用保持稳定，为科技创新提供了支撑。

利润总额整体提升。2016—2021年，深圳市建筑业利润总额累计679.03亿元，较2010—2015年（535.82亿元）增长了26.7%。建筑业利

深圳市建筑业科技创新能力指标平均增长率排名　　表4-8

一级指标	序号	二级指标	增长率	排名	增长率（-1）	排名（1）
行业发展力	1	行业总产值	18%	8		
	2	利润总额	-14%	17		
	3	产值利润率	-28%	18		
创新资源力	4	R&D人员数	48%	2		
	5	R&D经费支出	45%	3		
	6	R&D经费支出强度	23%	7		
技术创新力	7	科技获奖数	1%	13		
	8	建设科技计划项目数	32%	5		
创新驱动力	9	高新技术企业认定数	16%	9		
	10	高新技术企业占比	2%	12		
	11	创新载体数	-6%	14		
	12	创新人才数	35%	4		
	13	创新人才占比	-9%	15		
成果转化力	14	新技术示范工程数	26%	6		
	15	专利授权量	50%	1		
创新贡献率	16	按总产值计算劳动生产率	5%	11		
	17	按竣工面积计算劳动生产率	8%	10		
	18	科技进步贡献率	-14%	16		

No.18　No.1

说明："增长率"为二级指标在2016-2021年的年均增长率，排名为二级指标增长率的排序，反映各指标数值增长快慢程度。

润率有较大提升空间，亟须以科技创新推动行业更换赛道，向绿色化、工业化、数字化方向发展，向知识密集型和资金密集型行业转型升级。

（二）科技投入持续增长

R&D人员数增势明显。2016—2021年，深圳市建筑业R&D人员数从2016年的1078人增加至2021年的7696人，年均增速为48.2%，是全市R&D人员数年均增速的3.5倍。2021年，市建筑业R&D人员数达7696人，占广东省同行业R&D人员数近一半。人才是第一资源，继续吸引高水平高技能人才集聚、优化人才结构和规模已成为深圳市建筑业实现高质量发展的重要突破口和持久动力。

R&D经费支出显著增长。2016—2021年，深圳市建筑业R&D经费支出逐年上升，6年累计达到137.37亿元，年均增速达到45.0%，显著高于全市R&D经费支出总量（30.7%）和全市地区生产总值增长水平，是深圳市规模以上工业企业（10.7%）的近4.2倍、规模以上服务业企业（34.1%）的1.3倍。2021年，深圳市建筑业R&D经费支出达25.39亿元，是2016年的6.4倍，年均占全市R&D经费支出总量的比重从2016年的0.5%提升至1.5%。创新驱动发展的基础不断夯实，研发投入规模整体呈现增长态势，形成了支撑深圳市建筑业科技创新发展的基础。

（三）技术创新水平领先

科技奖获奖数量位居前列。2016—2021年，深圳市工程建设行业每年获奖数量占全国工程建设行业获奖总量的10%左右。深圳市建筑业累计荣获国家、广东省、深圳市科学技术奖共27项，其中国家级2项，省级13项，市级12项；累计获华夏建设科学技术奖48项，占全市工程建设行业总数的2/3；累计获中国土木工程詹天佑奖12项，占全市工程建设行业的85.7%。可见，深圳市建筑业已逐渐把科技创新摆在更加突出的位置，不断完善激励创新、宽容失败的良好科研生态，让愿创新、敢创新、能创新者充分发挥创造潜力，推动行业科技实力跃上新的大台阶。

技术创新活跃。2016—2021年，聚焦建设工程勘察与设计、施工建造等重点基础领域以及绿色化、工业化、智能化等关键前沿领域，深圳市住房和建设局组织实施了一批市“十三五”工程建设领域科技重点计划项目。2021年，《深圳市工程建设领域科技计划项目管理办法》印发。截至2021年底，全市建设科技计划项目累计266个，其中部级建设科技计划项目27个，省级建设科技计划项目15个，市级建设科技计划项目224个。依托建设科技计划，越来越多的企业深入实施关键核心技术攻关，与高校、科研机构积极开展产学研用协同合作，政府部门对行业技术创新的引导和统筹不断加强，行业技术创新能力不断提升，标志性、引领性重大原创成果不断涌现。

（四）创新主体活力较强

高新技术企业发挥主力军作用。2016—2021年，深圳市建筑业国家高新技术企业认定数整体呈增长态势，年均增长率为15.7%。2021年，深圳市建筑业国家高新技术企业认定数达87家，是2016年的2倍；在有效期内的建筑业国家高新技术企业数累计232家，占全市工程建设行业总数的一半以上。2021年，从行业门类来看，建筑业企业创新十分活跃，积极申报国家高新技术企业认定。企业创新活跃，发展才有持久动力。深圳市工程建设行业企业创新意识正在逐步加强，企业创新主体作用正在逐步强化。

创新载体提供支撑。截至2021年底，深圳市工程建设行业创新载体数量累计达到229家，占全市创新载体总数的7.9%，其中建筑业在创新载体建设方面相对活跃，积极创建创新载体，占全市工程建设行业总数的73.8%。可见，近年来深圳市建筑业积极开展创新载体建设工作，强化创新要素供给，优化创新创业生态，为高质量转型发展不断积聚创新动力、释放创新活力。

创新人才成为领军力量。截至2021年底，深圳市在工程建设领域累计培养和引进创新人才482人，包括：中国工程院院士7人；勘察设计大师44人，其中全国工程勘察设计大师7人、广东省工程勘察设计大师6人、深圳工程勘察设计大师31人、高层次人才396人、其他人才35人。深圳市工程建设行业创新人才整体规模的不断增大，有利于创新驱动发展战略的实施，是推动行业转型升级和高质量发展的重要支撑。

（五）科技成果应用广泛

新技术示范工程建设领先。2016—2021年，深圳累计立项省建筑业新技术应用示范工程305个，占全省总数的40.2%，立项数量连续6年位列全省第一。深圳市累计验收通过省建筑业新技术应用示范工程106个，占全省总数的42.1%，除2016年、2018年外，其余年份均位居全省第一。截至2021年，省建筑业新技术应用示范工程深圳建成数量累计176个，其中130个项目达到国内领先水平，占73.9%。建筑业产业空间大、应用场景多、需求升级快，促进了新技术产业化规模化应用，建设科技创新成果转化效益逐渐显现。

知识产权意识不断加强。2016—2021年，深圳市建筑业国内专利授权量表现出良好增长势头，累计达到9118件。其中，发明专利957件，实用新型专利7784件，外观设计专利377件。PCT国际专利申请量累计93件。2021年，深圳市建筑业国内专利授权量达3573件，是2016年的近8倍。知识创造能力和水平的提高为建筑业创新活动提供了强有力的支撑，成为增强行业自主创新能力、提高自主创新水平的重要源泉。

（六）科技贡献逐渐凸显

劳动生产率稳中有升。2016—2021年，深圳市建筑业按总产值计算劳动生产率总体呈上升趋势，6年平均值为445518元/人，按竣工面积计算劳动生产率6年平均值为26.2m^2/人。2021年，深圳市建筑业按总产值计算劳动生产率达479856元/人，较2016年增长27.9%。2021年，深圳市建筑业按竣工面积计算劳动生产率达最大值29.2m^2/人，同比增长3.5%。

科技进步对行业发展贡献开始凸显。2016—2021年，深圳市建筑业科技进步贡献率均值为53.8%，可见近年深圳市建筑业大力推进科技创新驱动战略初显成效，对行业发展的贡献开始凸显，以技术进步推动产业经济增长的趋势逐步显现，建筑业正在向科技创新推动行业发展的方向转型升级。

第五章 深圳市建筑业科技创新存在的问题与发展建议

- 建筑业科技创新发展存在的主要问题
- 建筑业科技创新发展形势
- 推进建筑业科技创新发展的思路建议

一、建筑业科技创新发展存在的主要问题

在充分肯定深圳市建筑业科技创新发展取得成效与进步的同时，也应该看到有关方面还存在不足，面临不少困难和问题。

（一）产业发展形势

产业盈利下滑。近年来国内外经济形势严峻复杂，深圳市建筑业也和其他行业一样，遭受到较大冲击，产业发展景气度持续下滑，面临融资收紧、规模收缩等问题。2021年市建筑业新开工面积由2020年的5775万m^2减少至5545万m^2，同比下降4.5%；建筑业营业利润为45.62亿元，同比减少62.5%；建筑业利润总额50.69亿元，同比减少59.1%。当下唯有依靠科技创新，推动企业更换赛道、转型升级，才有可能在新一轮市场竞争和产业发展中突破重围，实现质的飞跃。

整体利润率偏低。2016—2021年，行业利润率逐年走低，由4.7%降至0.9%，企业效益收窄，发展艰难。客观原因是经济形势日益严峻，以及疫情对行业生产经营的约束和影响。根本原因是建筑业仍然是粗放型行业。从产业视角来看，建筑业位于价值链中段，尚未完成向知识密集型行业转型，仍是劳动密集型行业，创造附加值不高；从行业视角来看，建筑业发展粗放，产业工人招工难，行业用工成本急剧上升，原材料价格不断上涨，但工程营收水平未有明显变化，利润不断下降；从企业视角来看，工程管理模式粗放、利益链过长、利益方分散，利润极容易被稀释。建筑业利润率的提升，向知识密集型和资金密集型产业转型升级是必由之路。

（二）科技创新投入

R&D经费支出强度偏低。R&D经费支出强度是体现科技创新活力的通用指标。2016—2020年，深圳市建筑业R&D投入强度为0.7%左右，2021年降至0.47%，远低于全市5.49%的平均水平。根据企业调研结果，建筑业企业（含装饰企业）年均研发投入强度在3%～6%，但与

互联网及信息技术企业（13%）相比，仍有较大差距，这与建筑业利润率低密切相关。迫切需要提升深圳市建筑业研发投入强度，切实转变深圳市建筑行业的投资结构，让科技创新成为经济发展的关键助推器。

政府对R&D经费支持不足。2016—2021年，深圳市建筑业R&D经费支出中，政府资金仅占1.43%（全市R&D经费支出中政府资金占11.2%）。说明深圳市建筑业R&D经费中政府资金投放力度较弱，研发资金来源存在结构性失衡。在当前建筑业利润率低下的大环境下，企业持续加大R&D经费投入难度较大，将影响工程建设行业科技的长远发展。下一步亟须加大政府财政资金对建筑业科研活动的支持力度，建立企业为主、政府补充的R&D经费支出结构，同时发挥政府通过R&D投入引导企业聚焦重点技术领域、集中攻关的优势。

（三）技术创新能力

在重大科技项目中参与度较低。重大科技项目是科技工作的重中之重，是实施创新驱动发展战略的重要抓手。企业作为创新主体，牵头实施重大科技项目意义重大。从整体上看，深圳市大部分建筑业企业高度重视科技研发，积极参与各类科技项目，也取得了一定科技成果，但是在重大科技项目实施中的参与度较低，缺乏项目决策话语权。具体表现在：很少有深圳市建筑业企业作为牵头单位主持国家重大科技项目；在历年国家科学技术奖获奖项目中，以深圳市建筑业单位作为第一完成单位的项目只有4个（其中两个项目的牵头单位为企业），作为参与单位的项目也仅有12个。可能的原因：第一，重大科技项目实施方案及指南编制、项目立项评审等决策咨询专家组中的高校院所专家占比多，导致项目实施时更偏向于高校院所主导，企业在项目形成中缺少话语权；第二，许多重大科技项目要求产学研联合申报，实施多单位抱团申报制度，不允许企业单独申报课题；第三，部分企业对技术前沿和发展趋势的敏锐度不够，自主研发能力不足。加强深圳市建筑业企业在重大科技项目的主导权、话语权是提升深圳建筑业整体创新水平的重点。

科技奖获奖数量相比其他行业偏少。深圳市工程建设行业科技奖获奖数量位居全国同行业前列，但与深圳市其他行业相比却偏低。如

2016—2021年，深圳市工程建设行业在深圳市科学技术奖获奖数量中仅占3.1%。究其原因，一是深圳市科研扶持方向主要是信息产业、生物科技、海洋等，建筑业作为传统行业，受到的关注度较低；二是深圳市建筑业企业科研成果总结能力较弱，在市科学技术奖申报中，很难单独完成奖项申报所需材料编写；三是缺少与深圳市高校对接合作，创新成果无法沉淀提炼，影响科技奖申报。

行业内部创新水平差异大。对深圳市建筑业、设计、技术服务企业对比分析，从建设科技计划项目参与情况来看，技术服务企业参与度最高（2016—2021年承担建设科技计划项目159个），建筑业略逊一筹（141个项目），设计企业参与度最低（71个项目）。从科技奖获奖情况来看，建筑业和技术服务企业获奖成果数量接近（分别为87项、80项），设计企业科技奖获奖数量最低（26项）。可见，工程建设行业内部自主创新动力存在结构性差异。一方面，建筑业整体表现较好，主要原因：一是大部分企业来自在深央企或国企，有较强的内在科研驱动力；二是央企或国企内部会分配科研任务，且相关科研经费由国家承担和保障；三是申报科技计划和科技奖是企业评选鲁班奖、优质工程奖的前置条件，因此有较强的外部驱动力。另一方面，设计企业明显偏弱，主要原因：一是设计企业的经济收益主要为设计费，处于行业前端，享受不到技术科技带来的后期增值，缺乏创新动力；二是当前房地产市场变化导致设计行业出现生存危机，设计单位无暇顾及或无能力开展技术研发。

（四）创新主体作用

创新主体整体力量偏弱。一是工程建设高新技术企业和创新载体占比较低，2021年全市共有国家高新技术企业21335家，其中工程建设领域458家，占2.1%。全市创新载体共计2908家，其中工程建设领域229家，占比7.9%。二是工程建设行业科技创新领军企业标杆带动能力较弱，习惯于单打独斗，未能形成创新链及相应的产业链，对行业科技创新的引擎作用尚未发挥。

创新载体对行业重大需求支撑不足。工程建设领域创新载体覆盖了建筑节能与绿色建筑、建筑工业化、绿色建材、市政基础设施、智能建造等多个领域，但是仍落后于当前建筑业科技创新发展的需要。一是对于现有创新载体尚未涉及当前建筑业创新发展的重点技术方向，如新型建筑用能系统、自主可控BIM、智能设计、建筑产业互联网和建筑机器人等；二是部分掌握先进技术的企业，未依托设立创新载体，这其中既有企业对创新载体作为重要平台的重视程度不够，也有各类创新载体主管部门对建筑业企业认定创新载体支持不足的原因。

（五）科技成果转化

专利成果产出较少。2016—2021年，深圳市工程建设行业国内专利授权量占全市的1.2%（建筑业占全市的0.9%），在国际上更具竞争优势的PCT专利申请量仅占0.1%。专利数量偏少的主要原因是行业企业特别是建筑业企业缺乏专利意识，一直以来仍按照大建设初期模式推广工艺工法，忽视了申请专利的重要性。工艺的推广在早期有助于推进行业技术进步，但是目前行业已进入高质量发展阶段，为提升科技创新成果的独创性、保障企业的竞争发展优势，行业企业亟须尽快对标制造业，按照国际通行规则，加大专利投入。同时，也要尊重专利，为专利付费，让投资申请专利的人得到相应报酬，这样才能促进行业科技成果转化的可持续发展。

知识产权保护“三个不足”。由于深圳市建筑业具有生产流动性强、生产周期长和从业人员数量庞大且素质不一等特点，知识产权管理工作虽取得较大进展，却仍处于起步阶段，主要体现在“三个不足”：一是知识产权保护管理机制不足，尚未形成成熟适用的知识产权管理制度，缺乏健全的知识产权保护管理机制；二是知识产权宣传力度不足，深圳市建筑业对知识产权尤其是专利的科普、宣传、教育和推广工作做得还不够；三是知识产权激励政策不足，目前深圳市建筑业没有针对知识产权的专项扶持政策，国家和广东省、深圳市专为建筑业设立的知识产权激励扶持政策处于空白。

新技术推广应用“四不”问题。虽然深圳市的省级新技术应用示范工程较多，但申请新技术认定或申请列入新技术推广目录的较少。新技术推广应用仍然存在“四不”问题。一是不了解，很多企业不了解有哪些新技术，对于新技术的获取途径尚不清楚，有些企业虽对新技术有所了解，但存在不知如何实际应用的问题。二是不想用，由于宣传不够、激励不足、应用成本高、人员缺乏相应能力、与项目其他部分冲突等原因，很多企业对新技术有抵触情绪。三是不敢用，由于各方责任不清晰、不确定性较大、缺乏监管与容错机制、质量存在隐患、施工安全风险、供应跟不上延误工期等原因，许多企业对新技术“望而却步”。四是不愿推，由于技术保护、竞争壁垒、未获得收益等原因，许多企业不愿意将研发的新技术进行推广，进一步加大了新技术推广的难度。

二、建筑业科技创新发展形势

“十四五”时期，是我国开启全面建设社会主义现代化国家新征程的第一个五年，是深圳实现建设中国特色社会主义先行示范区第一阶段发展目标的五年。深圳市建筑业科技创新发展面临以下新形势。

（一）科技创新战略地位日益凸显

习近平总书记在党的二十大报告明确提出，科技是第一生产力，人才是第一资源，创新是第一动力。2023年4月，习近平总书记在广东调研中强调，“实现高水平科技自立自强，是中国式现代化建设的关键”。《中共中央关于制定国民经济和社会发展第十四个五年规划和二〇三五年远景目标的建议》提出，坚持创新在我国现代化建设全局中的核心地位。《中华人民共和国国民经济和社会发展第十四个五年规划和2035年远景目标纲要》明确要求，面向世界科技前沿、面向经济主战场、面向国家重大需求、面向人民生命健康，深入实施创新驱动发展战略。《中共中央 国务院关于支持深圳建设中国特色社会主义先行示范区的意见》要求，深入实施创新驱动发展战略，打造高质量发展高地。

2020年，《深圳经济特区科技创新条例》正式颁布，坚持把创新驱动作为城市发展主导战略，鼓励开展资源与环境、人口与健康、文化创意、节能减排、公共安全、防震减灾、城市建设等领域的科技创新活动。

（二）科技创新成为建筑业高质量发展的重要驱动力

国家、广东省和深圳市相继就建筑业科技创新作出一系列重要决策部署。

2022年12月，科学技术部、住房和城乡建设部印发《"十四五"城镇化与城市发展科技创新专项规划》，要求"将领域创新能力体系建设取得新进展、科技创新示范引领作用加快凸显、科技成果更多更好地惠及民生作为发展目标"。2023年1月，住房和城乡建设部倪虹部长在全国住房和城乡建设工作会议指出，"要加强科技引领，把科技创新摆在住房和城乡建设事业突出位置，持续巩固提升世界领先技术，集中攻关突破'卡脖子'技术，大力推广应用惠民实用技术，以科技赋能住房和城乡建设事业高质量发展"。2023年3月，住房和城乡建设部到深圳调研，要求深圳"在住房和城乡建设领域锐意改革创新，努力在科技创新和数字化转型等方面改革创新、先行示范"。

2021年8月，广东省人民政府发布《广东省促进建筑业高质量发展的若干措施》，要求"推动科技创新，促进建筑业高质量发展，全面提升工程品质和产业现代化水平"。

深圳市委、市政府对建筑业科技创新高度重视，多次提出"重点发展建筑工业化、绿色节能建筑、建筑机器人等科技含量高的现代建筑业""大力推广建筑新技术、新材料、新工艺、新装备，积极推广智能建造、装配式建筑、绿色建筑"等。2022年10月，深圳市政府办公厅印发《深圳市加快推进现代建筑业高质量发展的若干措施》，要求加快发展高科技含量的现代建筑业，推动向知识密集型、资金密集型产业转型升级，加强新技术、新工艺、新材料、新产品的应用。

科技创新可为建筑业高质量发展提供新的成长空间、关键着力点和重要支撑，以科技创新支撑引领现代建筑业高质量发展已成为行业共识和核心工作。

（三）建设科技创新正朝着绿色化、工业化、智能化方向发展

2021年10月，中共中央、国务院印发《关于完整准确全面贯彻新

发展理念 做好碳达峰碳中和工作的意见》，要求大力发展节能低碳建筑，加强绿色低碳重大科技攻关和推广应用。中共中央办公厅、国务院办公厅印发《关于推动城乡建设绿色发展的意见》，要求实施建筑碳达峰碳中和行动，推动智能建造和建筑工业化协同发展。

2022年7月，《深圳经济特区绿色建筑条例》正式施行，明确将绿色建筑产业纳入战略性新兴产业。2021年12月，深圳市政府办公厅印发《关于加快推进建筑信息模型（BIM）技术应用的实施意见》，要求加快推进深圳市BIM技术应用。2022年4月，深圳市住房和建设局、发展和改革委员会印发《深圳市现代建筑业高质量发展“十四五”规划》，提出要大力发展绿色建造，深入推进新型建筑工业化，为建设宜居城市、枢纽城市、韧性城市、智慧城市等提供支撑。2022年7月，深圳市科技创新委员会发布《深圳市科技创新“十四五”规划》，将光储直柔、建筑机器人、产业互联网等技术列为重点发展方向。同年10月，深圳市人民政府办公厅印发《深圳市加快推进现代建筑业高质量发展的若干措施》，要求打造绿色化、工业化、智能化的现代建筑产业。2023年5月，深圳市人民政府办公厅印发《深圳市智能建造试点城市建设工作方案》，要求高质量推动智能建造试点城市建设。上述政策要求均为深圳市建筑业科技创新发展指明了方向，推动了以工业化、智能化、绿色化为特征的现代建筑业的加速发展。

三、推进建筑业科技创新发展的思路建议

当前，深圳市建筑业正在努力践行高质量发展要求，朝着现代建筑业高质量发展方向迈进。基于行业科技创新能力存在的问题和不足之处，对深圳市建筑业科技创新发展提出思路和建议。

（一）加快建立健全建设科技政策体系

扎实推进现有科技政策落地实施。实施《深圳市现代建筑业高质量发展“十四五”规划》。加快建筑工业化、绿色化、标准化、智能化、精细化、国际化步伐，以科技创新引领行业发展，助力建设宜居城市、

枢纽城市、韧性城市、智慧城市。贯彻《深圳市加快推进现代建筑业高质量发展的若干措施》。加快发展高科技含量的现代建筑业，推动向知识密集型、资金密集型产业转型升级，加强新技术、新工艺、新材料、新产品应用；加强企业创新能力建设，促进各类创新要素向企业集聚，实施高新技术企业培育行动；提高成果产出及应用能力，实施工程建设科技计划项目；加大财税支持力度，制定出台促进建设领域科技创新专项政策，推动建设领域成为深圳科技创新的发力点、增长点。

研究制定深圳市城乡建设科技创新促进办法。目前国家、广东省以及深圳市均无工程建设领域科技创新相关的法律法规或规章。深圳市应在探索城乡建设领域科技创新体制机制建设方面先行先试，加快构建建设科技创新体系发展格局，为行业科技创新提供重要法治保障。为此，建议深圳市住房建设部门针对城乡建设领域科技创新的实践需要，聚焦城乡建设行业科技创新存在的主要问题，制定发布深圳市城乡建设领域科技创新促进办法，建立健全以研究、技术开发、应用示范到产业化推广的全过程工程建设科技创新技术体系。

修订深圳市城乡建设领域新技术推广应用管理办法。《中华人民共和国科学技术进步法》《中华人民共和国促进科技成果转化法》《建设领域推广应用新技术管理规定》《深圳市建设工程质量管理条例》等法律法规均对新技术推广应用提出了明确的要求，深圳市工程建设行业需要制定相关办法保障相关规定贯彻落实。因此，建议深圳市住房建设部门尽快修订出台《深圳市城乡建设领域新技术推广应用管理办法》。在办法制定过程中，宜坚持“四个有利、两个重点”工作目标。坚持“四个有利”：推广应用新技术应当有利于提升建设工程品质和效益，促进行业高质量发展；有利于实现碳达峰碳中和目标，支撑绿色发展；有利于改善民生惠及民生，满足人民日益增长的美好生活需要；有利于推动行业生产方式转变，构建现代产业体系。抓住“两个重点”：一是“鼓励推广”，以鼓励为主基调，强化试点示范，加大政策激励，让新技术研发企业有收益、工程应用企业有效益；二是“稳妥应用”，在鼓励建设工程项目积极应用新技术的同时，按照现有法律法规规定明确新技术应用的基本要求和程序，划清建设工程各方责任边界，守住质量安全底线。根据上述工作目标，办法可围绕宣传示范、鼓励激励、厘清各方责任、包容审慎、专项论证等方面制定具体管理措施，为新技术推广应用提供法制保障，为新技术工程应用保驾护航，促进新技术成果转化。

（二）集聚力量推进原创性引领性科技攻关

研究发布建筑业“重大科技问题”。建议深圳市住房建设部门面向世界科技前沿、面向经济主战场、面向国家重大需求、面向人民生命健康，围绕高性能材料、碳中和、人工智能、机器人、产业互联网、数字孪生城市等战略性新兴产业领域，组织征集对未来建筑业科技发展具有引领作用的前沿科学问题、工程技术难题和产业技术问题，尤其是重大前沿引领技术、现代工程技术、颠覆性技术、“卡脖子”技术、促进可持续发展关键技术、前沿交叉融合领域相关问题难题等，在此基础上研判和发布深圳市现代建筑业“重大科技问题”，围绕创新链培育产业链，为建筑业探索先导产业储备项目，助力企业抢占技术制高点的同时，提升深圳市建筑业重大科技创新方向前瞻布局能力，构建更加有利于行业前沿科技发展的创新生态。

深入开展关键核心技术攻关。一是加强政府对科研的统筹协调。缺乏统筹和引导，企业实施科技计划主要根据自身需要自主发展，容易导致研究开发出现重复、分散、封闭、低效等问题。集中研究力量、优化资源配置，服务于破解行业关键核心技术、增强行业综合竞争力的需要，显得十分迫切和重要。因此，建议充分发挥政府引导统筹作用，高效配置科技力量和创新资源，强化跨领域跨学科协同攻关，形成关键核心技术攻关强大合力。二是将“三化融合创新”作为技术攻关核心。以理念创新为引领、技术创新为驱动、管理创新为支撑、制度创新为保障，加快发展工业化、智能化、绿色化融合发展的现代建筑业。以工业化为路径，以制造业、工业化思路重构建筑业生产模式，推行建筑产品化，大力发展以装配式建筑为代表的新型建筑工业化，重点推动模块化建筑建设；以智能化为手段，着力发展智能建造，加速建筑业与先进制造技术、新一代信息技术的深度融合，以鸿蒙欧拉产业发展为契机，打造建筑产业互联网；以绿色化为目标，积极推进光储直柔、建筑光伏一体化、超充之城、车网互动等技术研发，加快实现工程建设全过程绿色建造，推动高质量绿色建筑建设和运营。三是组织开展关键核心技术重点专项科技攻关。建议基于深圳市建筑业“重大科技问题”，聚焦重点专项技术领域，深入开展关键核心技术攻关，形成一批具有国内甚至国际领先水平的科技成果，力争做到自主创新、自主设计、自主建造、自主可控，提升原始创新能力和核心竞争力，把关键核心技术牢牢掌握在自己手中。

积极组织实施建设科技计划。工程建设领域科技计划是建设行政主管部门组织实施的、统筹引导行业开展科技研发活动的“科技孵化器”。目前住房和城乡建设部、广东省住房和城乡建设厅以及深圳市住房和建设局均组织实施了本级建设科技计划项目。为此，建议继续深入贯彻落实《深圳市工程建设领域科技计划项目管理办法》等规定，建立健全深圳市建设科技计划项目管理体系。积极组织实施建设科技计划，开展更多面向市场和产业化应用的研究开发活动，提升建设科技的战略前沿突破能力。建议加强深圳市住房建设部门与市科技创新部门的对接与合作，组织针对重点领域开展专项技术攻坚。加强对科技创新成果的总结提升。引导科技计划项目承担单位及时申请专利、形成工法、进行成果总结和技术规程等，将新技术、新材料、新工艺或新产品上升至标准层面进一步推广。加强对科技计划项目的激励力度。目前科技计划项目相关激励政策比较薄弱，建议推进科技计划项目与部、省和市有关科技管理和激励政策的有效衔接，以进一步激发企业创新活力动力，提升科技创新水平。

（三）全力培育壮大现代建筑业战略科技力量

开展行业高新技术企业培育行动。建议加强深圳市住房建设部门与市科技创新部门的协作，联合孵化壮大高新技术企业。鼓励行业企业积极申报国家高新技术企业，可以从以下几个方面发力：拓宽工程建设行业申报高新技术企业的领域范围。鼓励企业不仅仅局限于在高新技术服务领域申请认定高新技术企业，还可以在其他领域如新能源、节能减排、自动化等方面加强投入，增强企业的创新发展能力。充分挖掘企业潜在研发活力。比如前期的设计和对生产工艺的创新突破，筛选更多符合高新技术企业口径下的研发人员和研发费用，拓宽建筑业企业研发投入的测算范围。及时完成技术服务合同登记。鼓励企业力争取得更多的专利发明、实用新型等知识产权，开展多种方式的科技成果转化，支撑高新技术产品（服务）收入，并及时完成技术服务合同和台账登记。建立健全内部研发费用核算制度。根据高新技术企业研发费用的相关要求，加强企业内部统筹协调，做好研发费用的年度预算、归集、统计、核查。

加速提升企业技术创新能力。创新驱动力主要来自企业。企业是开展创新活动的重要主体，也是深圳市建筑业创新体系的重要组成部分。提升企业科技创新能力既是建筑业创新驱动转型发展的需要，也是企业自身提高竞争力、影响力和抗风险能力的需要。评定科技创新平台。对开展产业共性关键技术研发、科技成果转化及产业化或科技资源共享服务，在相关领域研究实力较强、创新优势突出，有助于深圳市城乡建设领域技术水平显著提升，有助于形成跨领域、大协作、高强度的创新集群的企业，建议由市住房建设主管部门评定为城乡建设领域创新平台。创建技术联盟。建议深圳市建筑业企业联合高校、科研机构创建技术创新联盟或创新联合体，建立健全深圳市工程建设行业以企业为主体、以市场为导向、产学研用深度融合的技术创新体系，发挥企业在技术创新中的主体作用，推动企业成为技术创新决策、科研投入、组织科研和成果转化等方面的主体，促进各类创新要素向企业集聚，提高企业技术创新能力。加强区域间科研合作与交流。建议深圳市工程建设行业企业加大对外开放力度，积极拓宽与其他地区及企业的合作领域和合作深度，加强科技研发、管理层面的交流，促进企业技术进步，提高创新成果质量。

鼓励和支持企业牵头实施重大科技攻关任务。一是提高企业在重大项目形成与立项决策中的参与度。在科技重大顶层设计、重大决策方面，企业要参与进来。政府部门在重大科技项目征集技术方向、编制申报指南前，可赴代表性企业开展深入调研，广泛充分征求行业企业意见。可考虑在产业化程度较高的部分技术领域，“让企业家出题，高校和科研机构人员破题”。二是放开产学研联合、多单位抱团申报制度。允许企业单独申报课题，对于某些企业科研力量处于国内领先水平的专项领域，可通过定向委托等方式，由企业牵头组织实施。三是引导企业加强科技成果储备。提高成果总结提炼能力和质量，对符合条件的建筑业企业创新成果，支持提名国家、省和市级科学技术奖。

推进建设重大科技创新载体和平台。未来深圳市建筑业创新载体和平台建设可以从以下几个方面发力：做好统筹规划。建议深圳市住房建设部门与市科技创新部门联合，统筹规划深圳市工程建设行业各类创新载体布局，建立和完善科学技术研究开发体系。建设重大科技创新平台。以行业战略性需求为导向，推进创新体系优化组合，聚焦绿色低碳建筑、建筑工业化、绿色建造、智能建造等重大科技创新领域，加快构建以重点实验室为引领的重大科技创新平台。优化升级现有创新载体。优化提升深圳市工程建设领域现有的国家级、省级和市级重点实验室、工程实验室、工程研究中心、企业技术研发中心等创新载体，打造一批面向产业发展需求的共性技术平台和应用研究科学技术研究开发机构。整合优化科技资源配置。推进科研院所、高等院校和企业科研力量优化配置和资源共享，加强建设科技研发与应用供给，让机构、人才、装置、资金、项目都充分活跃起来，形成创新发展的强大合力。加强原创性引领性关键性科技攻关。引导各类创新载体从本行业急迫需要和长远需求出发，集中优势资源攻关原创性引领性关键性核心技术，提高创新链整体效能。

（四）全面提升科研成果质量及成果转化

建筑行业转型升级、实现产业现代化和可持续高质量发展，需要大量的新技术、新产品、新工艺、新设备，需要大量的科技成果转化为生产力。为此，加快推进科技成果转化，已成为建筑行业转型发展、提高发展质量的一项重要课题。下一步，深圳市建筑业可从以下几个方面，围绕产业链部署创新链，围绕创新链布局产业链，促进产学研深度融合创新，加速科技成果转化，破解经济与科技“两张皮”问题，让先进科技成果加速落地转化、形成产业、打造集群。

加强顶层设计与统筹规划。贯彻落实《中华人民共和国促进科技成果转化法》等相关规定，发挥政府在知识产权保护和创新中的导向推动作用，建立和完善促进本行业知识产权保护与科技成果转化的相关政策制度，形成和营造有利于科技创新和成果转化的体制机制，探索具有深圳特色、建筑业特点的知识产权保护与科技成果转化模式，加强部门协同、市区联动，形成推动知识产权保护与科技成果转化的工作合力。

引导行业加强知识产权保护。一是建立科技计划项目与专利标准化工作联动机制。鼓励原始创新、集成创新、吸收消化后再创新，将专利标准等各类知识创新成果作为科技计划的重要产出。二是加大专利投入。专利管理作为科技创新成果保护的重要途径，高度重视专利管理，能提升科技创新成果的独创性，保障企业的竞争发展优势。建筑业企业亟须尽快对标制造业，按照国际通行规则，加大专利投入，申请更多的高质量高价值专利，尤其是PCT专利。三是建立健全行业知识产权管理政策体系。建立完善成熟适用的知识产权管理制度。加大对知识产权尤其是专利的应用、转让、科普、宣传和推广工作。建立完善知识产权保护的激励扶持政策，发挥知识产权对行业高质量发展的保障支撑作用。建立健全企业内部知识产权保护制度，强化创新技术研发、试点、推广、应用、产业化各环节知识产权保护。

加快推进科技成果产业化。一是布局一批工程建设领域战略性新兴产业集群。对产业进行全面调研，在绿色低碳建筑、绿色建造、建筑工业化、智能建造、建筑产业互联网等领域布局一批战略性新兴产业集群，推动企业、项目、平台、人才、资金、空间等一体化部署，促进产业链、创新链、人才链精准融合，加速科技成果产业化。充分发挥科技骨干企业具有的科技创新突出、应用场景丰富、产业资源雄厚等方面优势，开展城乡建设重大项目建设。二是深化行业科技成果供给侧结构性改革。建立科技项目成果库和公开制度，在加深需求了解的基础上，以实际工程需求、产业链需求与市场化需求相结合为导向，推动技术研究发展，畅通成果持有单位、应用单位、建设单位以及质量监督机构等在成果应用方面的对接渠道。三是打通科技成果转移转化渠道。充分利用好各类技术交易服务平台，通过技术许可、技术转让、技术合作等方式开展科技成果交易，加强成果评估评价，加速科技成果转化。制定科技成果激励扶持、权利归属和收益分配机制，增强科技成果转化的主动性和能动性，使科技成果更多地转化为现实生产力。

（五）深入推进新技术工程应用及示范推广

推进新技术在建设工程中的推广应用。一是研究解决“不了解”问题。由深圳市建设科技促进部门开展建设工程新技术认定工作，市住房建设部门定期发布新技术推广目录，拓宽新技术征集渠道，构建新技术推广新机制，加大对新技术推广应用的宣传与科普。二是研究解决“不想用”问题。联合新技术持有单位和应用单位，促进新技术成果对接，打破技术与行业壁垒；鼓励工程招标人将推广应用新技术作为招标择优因素之一，采用新技术的予以信用加分；培训和发展工程建设新技术市场，鼓励新技术提供单位与应用单位通过技术转让、技术许可、技术合作、作价投资等方式，开展新技术交易活动。三是研究解决“不敢用”问题。在新技术的开发与应用中，会不可避免地伴有风险发生，因此可鼓励保险机构创新产品和服务，将新技术应用纳入建筑工程一切险、工程质量潜在缺陷险等保险承保范围；明确建设、勘察、设计、施工、监理、运维、新技术提供等单位及质量监督机构的责任，解决新技术应用“后顾之忧”。四是研究解决“不愿推”问题。鼓励新技术及时转化为专利、技术标准，促进建设科技成果转化；尊重专利，为专利付费，让投资申请专利的人得到相应报酬。

促进科技应用示范和宣传交流。一是打造科技应用示范工程。鼓励建设工程项目集成应用《新技术推广目录》中的新技术。符合市工程建设领域科技计划管理相关规定的，可以立项为市建设科技计划项目科技应用工程类。对新技术应用达到国内领先水平及以上、综合效益显著且具有良好示范效应的，可以评为科技应用示范工程。通过示范应用，凝练总结一批具有较高技术水平和推广应用价值的新技术应用优秀场景，带动一批新技术、新装备、新产品的标准化和大范围推广应用。二是加大建筑业10项新技术推广力度。贯彻落实《建设部建筑业新技术应用示范工程管理办法》（建质〔2002〕173号）要求，在深圳市建设工程中大力推广应用建筑业10项新技术，鼓励企业积极申报广东省建筑业新技术应用示范工程，积极开展新技术应用。针对优质科技应用试点工程和科技创新应用示范工程，组织其他企业现场观摩、“云观摩”学习，用“样板工程”引路，打造“标杆工程”，不断提升工程质量水平。

（六）多措并举加大工程建设科技创新投入

加大政府专项资金的支持力度。建议深圳市住房建设部门与市科技创新部门加强沟通，争取市科技研发资金加大对现代建筑产业基础研究、前沿技术研究、重大共性关键技术研究开发的支持力度，推动建设领域成为深圳科技创新的发力点、增长点。一是设立基础研究专项。将具有自主知识产权的建筑产业互联网等智能建造平台列为基础研究支持方向，加大相关软件、平台的应用基础研究。二是设立平台和载体专项。围绕重点技术领域，建设一批重点实验室、工程技术研究中心、公共技术服务平台和重点企业研究院等，为建筑业的关键核心技术攻关、科技人才培养、产学研融合及科技成果转化等工作提供有力支撑。三是设立创新创业专项。鼓励建筑业企业联合科研机构、高等院校开展关键核心技术攻关。在高新技术企业培育资助中对建筑业企业予以倾斜，培育出更多的建筑业高新技术企业。另外，建议将科技创新项目和活动纳入市建筑领域专项资金支持范围。重点支持建设科技、建筑节能与绿色建筑、智能建造与装配式建筑、建筑信息化技术应用等领域的科研课题、技术标准、示范工程及相关科技创新活动。

推动企业加大研发投入。一是建立多渠道投入机制。科技创新投入的增加能够带来成果转化产出的有效增加。企业可与金融机构加强合作，由金融机构为企业提供科技融资服务，也可在内部设立科研基金会，通过接受社会捐赠、设立联合基金等方式筹集研发经费，探索建立多元化、多渠道、可持续的科技创新投入机制。二是鼓励建设科技龙头企业提高研发投入比重。其中施工类不低于3%，勘察设计类不低于4%，技术服务咨询类不低于5%。三是将应用创新技术费用纳入建设科技创新措施费用。研究《深圳市住房和建设局印发〈关于进一步完善建设工程招标投标制度的若干措施〉的通知》（深建规〔2020〕1号）第十三条提出的“建设单位可以将通过招标投标节约的且不超过项目总投资3%的资金作为提高工程质量安全水平和推动建设科技创新的措施费用”的规定，推动落实将招标投标节约的且不超过项目总投资3%的资金作为建设科技创新措施费用。

落实完善激励政策。落实税收优惠政策。对建筑业企业符合条件的技术转让所得，按规定给予税收优惠。对企业符合条件的研发费用，按规定给予税前加计扣除税收优惠。建筑业企业成功申报高新技术企业的，按规定落实高新技术企业税收优惠政策。贯彻《深圳市建筑业稳增长奖励措施》。支持企业做大做强，培育龙头骨干企业，发展建筑业总部经济。对符合实行独立核算且纳入深圳市建筑业统计、年度总产值30亿元以上且增速不低于16%等条件的建筑业企业，按照其奖励年度总产值增量的0.5%给予奖励，单个企业奖励最高不超过1000万元。

发展科技金融。鼓励科技企业通过资深圳市场实现创新发展。支持科技企业通过发行股票、发行债券、并购重组、再融资等方式进行融资。鼓励金融机构为建设行业科技创新活动等提供基金、贷款或融资等金融服务和产品，搭建行业科技企业与资深圳市场对接平台。鼓励保险机构创新产品和服务，为科技企业在产品研发、生产、销售各环节以及工程质量安全、知识产权保护等方面提供保险服务。

（七）加强培养充分激发人才创新活力

培养造就高水平人才队伍。贯彻尊重劳动、尊重知识、尊重人才、尊重创造方针，全方位培养、发现、引进、用好人才，充分发挥人才第一资源的作用。一是加强专业领军人才的培养。培养造就更多国际一流的战略科技人才、科技领军人才和创新团队；注重依托重大科技项目和重大创新平台培养发现人才，加强创新型、应用型、复合型、跨学科综合型人才培养，壮大高水平工程师和高技能人才队伍；强化专业职称，继续发挥现有绿色建筑、装配式建筑、建筑信息模型化（BIM）专业职称的作用，加大绿色建筑、装配式建筑、BIM专业人才培养力度。二是培育现代建筑产业工人。改革建筑劳动用工制度，大力发展专业作业企业，支持校企合作建设“工匠学院”“产业学院”等新型特色学院，着力打造一支职业化、专业化、技能化现代建筑产业工人队伍。三是推进科技创新融入基础教育。鼓励深圳本地和香港高校设置城乡建设领域科技创新重点领域专业学科（方向），开设专业课程，开展专业人才培养。四是激励人才更好发挥作用。完善人才评价和激励机制，健全以创新能力、质量、实效、贡献为导向的科技人才评价体系，发挥技术职称对创新人才的激励和支撑作用。

建立高端智库。组织建立工程建设领域全市性综合技术决策咨询和研究机构，组织有关专家和学者密切协作、汇智献策，发挥专业人才平台优势，为深圳市工程建设和城市发展提供技术支撑。加强高端智库的决策咨询和科技引领作用，具体包括：一是开展战略前沿研究。组织专家围绕国家战略方向、深圳发展重点开展前瞻性、针对性、储备性战略研究，为“高、大、精、新、难、深”等重大复杂工程和技术难题提供有力的科技支撑。二是承担大型建设工程技术论证工作。对大型建设工程项目，由建设单位委托高端智库组织专家对项目方案和设计文件的技术先进性、合理性、可实施性进行论证，提出优化意见和建议。三是承担政府部门重大决策咨询工作。《中共中央办公厅、国务院办公厅关于加强中国特色新型智库建设的意见》规定，重大政策措施等决策事项出台前，要重视对不同智库评估报告的综合分析比较。在编制实施重大战略规划、制定重要科技创新政策、作出重大科技项目布局决策前，充分咨询高端智库意见。

（八）大力推进粤港澳建设科技合作与交流

推进河套深港科技创新合作区建设科技合作。河套深港科技创新合作区是大湾区“双中心”建设的重要支撑。河套深港科技创新合作区作为国家级战略平台，是深圳推进综合性国家科学中心和国际科技创新中心建设的重大平台和载体，有利于促进深港融合发展、深圳对接香港北部都会区，支持香港更好融入国家发展大局。河套合作区定位为科技创新合作区，香港在基础研究和原始创新、知识产权保护、科技创新服务及国际化资源等方面有优势。深圳建筑业应以合作区为平台，在应用研究、科技创新人才、创新主体、研发投入、建造产业链条等方面与香港单位加强合作，共建建设科技创新集群和产学研体系，有利于集聚全球工程建设科技创新资源，打造全球建设科技创新高地。

推进建设科技宣传和交流。将中国国际高新技术成果交易会（简称高交会）“建设科技创新展”打造成有影响力的建设行业科技交流推广平台。高交会目前已是中国规模最大、最具影响力的科技类展会。建议深圳市住房建设部门借助高交会强大的品牌和推广优势，办好“建设科技专题馆”，成为国内有影响力的建设行业科技交流推广平台。发动行业内重点创新企业单位积极参与展览会，将最新的科技成果向业内展示和推广；培育和挖掘重点新技术应用示范工程，直观形象地展示新技术在建筑工程项目中的应用和成效；举办科技成果发布会，打造视听酷炫的科技成果发布现场，提升行业科技品位；通过媒体、行业协会等途径广泛引导潜在科技成果应用单位到展会参观交流，促进科技成果推广和转化。另外，围绕行业相关新技术领域，深入开展建设科技讲堂、示范工程项目观摩、节能宣传月活动等，普及科技知识，营造科技创新良好氛围。设立科技交流展示中心，打造住房和城乡建设科技普及教育基地。借助专业媒体、专业期刊的舆论力量，及时传递国内建设科技新动态，促进深圳市建设领域科技水平提升。

希望通过以上建议，有助于深圳建筑业继续深入实施创新驱动发展战略，全力推进行业科技创新，加快发展高科技含量的现代建筑业，推动行业向知识密集型、资金密集型产业转型升级，抢占行业制高点，打造“深圳建造”品牌，为深圳市建设中国特色社会主义先行示范区、创建社会主义现代化强国的城市范例作出新的贡献！

达实智能
达实大厦

附录　深圳市建筑业科技创新案例选编

- 企业案例
- 创新载体案例
- 绿色低碳创新技术
- 新型建筑工业化创新技术
- 智能建造创新技术
- 科技应用工程

一、企业案例

（一）深圳市建筑科学研究院股份有限公司

1.公司概况

深圳市建筑科学研究院股份有限公司（以下简称“建科院”）成立于1992年，是国家高新技术企业、博士后科研工作站、绿色建筑先锋单位、国家绿色建筑华南基地。2000年以来，建科院专注于持续探索中国特色新型城镇化之路，构建绿色建筑、社区、城区到低碳生态城市4个层面的“诊断”“规划”“建设”“运营”“更新”五位一体的业务能力和资质，通过科研、规划、设计、检测与公信、运营等多业务协同提供综合科技创新与技术服务。

2.公司定位

建科院致力于城市生态宜居发展规律研究，打造完整的城市绿色发展创新服务体系。以“创建绿色环境，引领健康生活”为愿景，专注绿色人居和建筑环境健康的研究与实践，发展以绿色、健康、耐久性为核心的建筑环境设计理念，推广可持续的健康生活方式。

3.公司创新成果

建科院拥有国家级平台3个，省、市级技术平台10个。主持国家重点研发计划等在内的国内外各级重点项目（课题）200余项，其中2022年开展课题研究32项。主参编包括《绿色建筑评价标准》等国家、省、市级技术标准和团体标准200余项，拥有专利104项、计算机软件著作权39项。

4.公司优势与核心业务

建科院绿色建筑设计深度覆盖城市/园区规划与设计、建筑设计和室内设计，设计内容广泛应用于教育、医疗、住宅、办公、商业综合体、其他公建（图书馆、博物馆、养老院、寺庙建筑等）、既有建筑改造。在生态规划方面，以城市本底生态诊断为基础，从项目前期城市顶层设计开始探索不同类型城市发展路径。目前已建成包括未来大厦、深圳湾科技生态园等绿色生态建筑。

未来大厦效果图

深圳湾科技生态园效果图

（1）绿色建筑

依靠丰富的绿色建筑理论研究和近1800万 m^2 建筑设计的绿色建筑实践，在建筑营造和室内环境的研究基础上，从生命表皮、呼吸空间、低耗结构、高效设备等方面进行精细化设计，对建筑本体提出营造“诊断、规划、设计、建设、运营”的综合解决方案。

（2）建设管理

在传统建设项目的基础上提出更高标准，打造优质的建设产品，充分反映城市文化特色，实现可持续耐久性发展的环境要求，提高建设项目效率和内生价值。

（3）绿色运营，产业服务

实施IBR绿色运营（数字化、精细化运营），熟悉建筑全生命周期中各角色的实际工作及管理要点，拥有建设领域代建、EPC、监理、设计、检测、科研、运营等多类业务。

5.研发投入

2022年，建科院的研发费用为4715万元，与2016年相比增长近9倍；研发投入强度9.4%，是2016年的4倍。

（二）深圳市市政设计研究院有限公司

1.公司概况

深圳市市政设计研究院有限公司（以下简称“市政院”）成立于1984年，隶属深圳市地铁集团有限公司，是具有工程勘察综合甲级资质、工程设计市政行业、公路、特大桥梁、建筑工程、风景园林、城乡规划等甲级资质、工程咨询单位甲级资信及施工图审查一类资质的国有综合科研设计高新技术企业。

2.公司定位

市政院业务类型涵盖了城市道路、桥梁、轨道、隧道、公路、交通、建筑、地下空间、给水排水、燃气、电气、风景园林、环卫、防灾减灾、规划、勘察、设计、监理与施工图审查等领域，尤其在智慧城市、生态城市、海绵城市、综合管廊、有轨电车以及BIM技术等方面的研究、推广及应用走在行业前列。市政院现有教授级高级工程师、博士和博士后60余人，高级工程师310余人。

3. 公司创新成果

荣获“全国优秀工程勘察设计奖银奖”“全国优秀工程勘察设计奖铜奖”“深圳市优秀设计金牛奖”等国际、国家、省（部）及市级各类优秀设计奖600余项。坚持科技创新驱动发展，先后荣获“国家科学技术进步奖”“华夏建设科学技术奖”“环境保护科学技术奖”“广东省科技进步奖”“深圳市科学技术进步奖”等科技进步奖100余项；国内外发明专利和实用新型专利等自主知识产权200余项。

4. 公司优势与核心业务

（1）道路及交通工程设计与服务

市政院在道路及交通工程设计与服务方面的关键技术包括：无人机智慧交通平台，数据平台形成整套无人机数据采集与分析工作流程，算法完成后将以其为核心开发交通量统计分析平台。建筑废弃物在道路工程中应用的关键技术研究，形成的建筑废弃物再生产品利用成套技术和技术标准，有效缓解当前砂石材料紧缺和开采环境压力大等行业瓶颈问题。

（2）轨道交通设计与服务

市政院在轨道交通设计与服务方面的关键技术包括：深圳市轨道交通能源消耗评价方法，建立符合深圳地铁运营特点的能耗评价方法和体系，通过调整运营过程控制、协调系统运作，使得同比能耗、同期能耗逐年下降。

除此之外，市政院还在结构工程设计与服务、智能化电气设计与服务、工程勘察设计与服务、桥梁工程设计与服务、水环境、燃气及暖通设计与服务等方面投入大量研究。

5. 研发投入

2022年，市政院的研发费用为4695万元，研发投入强度4.5%。

深圳福田交通综合枢纽换乘中心

彩虹桥

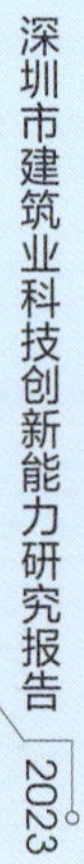

（三）深圳市建筑设计研究总院有限公司

1.公司概况

深圳市建筑设计研究总院有限公司（以下简称“市建筑总院”），建于1982年。拥有建筑行业（建筑工程）甲级、城乡规划编制甲级、工程咨询资信（建筑）甲级、市政行业（给水工程、排水工程）乙级、风景园林工程设计专项乙级等多项资质，是住房和城乡建设部首批“全过程工程咨询试点企业”。服务范围包括建筑工程设计、城市规划编制、市政工程设计、风景园林工程设计、工程咨询、建筑工程监理、建筑科学技术研究、建筑新材料新技术推广和应用等领域。

2.公司定位

市建筑总院发展定位：以建筑设计为核心，以科技创新和产业化发展为引领。市建筑总院拥有约3300人的高素质专业人才队伍，坚持完善创新型高端人才培养机制，涌现了一批行业领军人物和高层次人才。

3.公司创新成果

市建筑总院以绿色发展为理念，以技术创新为支撑，以信息化和现代化的组织管理为手段，大力发展建筑产业化，在建筑科技领域取得突破性进展。废旧混凝土再生利用关键技术及工程应用获得2018年度国家科学技术进步二等奖。获得专利210项，其中发明专利41项、实用新型专利160项，外观专利9项。

4.公司优势与核心业务

（1）构建全过程一体化集成式服务体系

不断完善产业链条，着力打造全过程一体化集成式服务体系。通过创新型业务平台的建设，推动公司产业链向前后端延伸，初步形成了策划、咨询、规划、设计、工程总包、工程管理、代建的业务链条，完成了园林、景观、智能化等专项业务能力的建设。

（2）建立信息化管理模式

明确了“数据支撑，流程管控，知识活水，协同为本”的信息化方向。建立全过程项目管理系统，并实现财务信息平台和项目管理ERP信息平台的贯通。此外，公司着手搭建了无边界协同设计平台，整合行

留仙洞创智云城

前海国际会议中心

业资源，实现各团队的协同设计生产，全面提升了设计效率和质量。

（3）推进研发创新，加快科技成果转化

秉持创新理念，前瞻性地思考面向未来城市和建筑的形态，聚焦智慧建筑、装配式建筑、大数据等前沿领域，进一步加大研发投入，形成了科技创新平台。在科技成果转化方面，公司充分运用在卫生空间模块化应用及废旧混凝土再利用方面取得的研究成果，开展产业化运作，实现了产融互动。

5.研发投入

2022年，市建筑总院的研发费用为7425万元，2016—2022年的研发投入保持相对稳定，研发投入强度3.6%。

（四）华阳国际设计集团

1.公司概况

华阳国际设计集团（以下简称“华阳国际”），成立于2000年，总部位于深圳，集团现有员工约5000人。华阳国际目前拥有建筑行业（建筑工程）甲级资质、城乡规划甲级资质、工程造价咨询甲级资质、建筑工程施工总承包一级资质、市政公用工程施工总承包二级资质、风景园林工程设计专项乙级资质、房屋建筑工程监理甲级资质。

2.公司定位

华阳国际致力于发展成为以设计和研发为龙头，以装配式建筑和BIM为核心技术的全产业链布局的设计科技企业，以设计牵头EPC总承包和BIM技术为“两翼”的全产业链协同模式。

3.公司创新成果

参与省部级、市级及企业研究课题35项，参编并出版著作15本，发表相关行业学术论文34篇，获得自主专利及软件著作权165项。参与编制国家级、省市级地方行业标准41项。研究成果应用项目超600个，逾8000万m^2总建筑面积实践经验，华阳国际已被授予全国首个设计类国家级住宅产业化基地、深圳市住宅产业化示范基地（研发型）、深圳市BIM工程实验室。

4.公司优势与核心业务

（1）建筑设计与咨询

建筑设计与咨询是华阳国际的核心业务。根据服务内容及进度的不同，华阳国际设计业务主要分为规划及方案设计、初步设计、施工图设计、施工配合四个阶段。根据建筑类型划分，公司产品类型覆盖居住建筑、公共建筑、办公及产业园、TOD及商业综合体等多种业态。

（2）装配式及建筑产业化研究

华阳国际是最早开展装配式建筑设计研究的企业之一，近年来华阳国际被住房和城乡建设部认定为“国家住宅产业化基地”“装配式建筑产业基地”以及“全过程工程咨询试点企业”等，掌握了从设计到施工的全过程技术，可提供涵盖装配式建筑设计策划、前期规划、建筑方案、施工图设计、构件图深化、生产安装指导及BIM技术应用等全流程技术服务。

（3）BIM技术研发

华阳国际2008年启动BIM专项研究，依托多业态、多专业、全流程设计应用场景的丰富积累，积极参与应用软件的研发和行业标准体系的建设，加入数字化工业软件联盟。华阳国际积极探索和深化人工智能在设计领域的应用，打造华阳国际建筑产业互联网平台，以设计为起点，通过自主研发和战略合作等方式打通全产业链，实现不同环节数据集成和迭代，打造全产业链数据平台和生态，逐步实现智慧建筑与智慧社区、CIM、城市空间平台对接。

（4）产业互联网平台研发

为了实现平台化管理、资源统筹配置、突破管理半径限制，华阳国际构建了一系列符合建筑设计业务特征的平台，搭建了建筑产业互联网平台、3690方案设计、协同设计、模块化设计、项目质量管控、在线校审等设计平台等；持续完善和升级ERP系统、产值系统、工时系统、项目预算、任务管理、知识中心、EHR系统、CIP等管理平台。

5.研发投入

2022年，华阳国际的研发费用为7997万元，研发投入强度4.4%，近3年累计研发费用23160万元。

龙华设计产业园总部大厦效果图（一）

龙华设计产业园总部大厦效果图（二）

（五）中建科工集团有限公司

1.公司概况

中建科工集团有限公司（以下简称“中建科工”）是我国最大的钢结构产业集团、国家高新技术企业、国家知识产权示范企业。中建科工打造了“中建钢构”“中建科工”两大品牌，分别从事钢结构和“钢结构+”业务。在国内设东西南北中五个区域公司及五大现代化钢结构制造基地，制造年产能超过120万t，居行业首位。

2.公司定位

公司聚焦以钢结构为主体结构的工程、装备业务，为客户提供“投资、研发、设计、建造、运营”一体化或核心环节的服务。

3.公司创新成果

中建科工荣获国家技术发明奖1项，国家科技进步奖8项（含国家科学技术进步奖一等奖1项），中国土木工程詹天佑奖19项，国家专利2000项（其中发明专利212项），国外专利授权36项，国家级工法15项，155项施工技术经权威机构鉴定达到国际领先或国际先进水平。主编、参编《钢结构工程施工规范》《装配式钢结构建筑技术标准》《钢结构加固设计标准》等30余项国家和行业标准。共获建筑工程鲁班奖56项，国家优质工程奖54项，中国钢结构金奖240项。

4.公司优势与核心业务

公司以“让城市生活更美好”为己任，聚焦民生，针对“上学难”“看病难”“住房难”，自主研发了钢结构装配式建筑体系，广泛应用于学校、医院、住宅（酒店），在全国已建成超400个项目，建筑面积超过4000万m^2。以EPC模式承建的中国—巴布亚新几内亚友谊学校·布图卡学园项目；以EPC模式承建的深圳市第三人民医院应急院区项目，拥有1000床位的负压病房，仅用20天即建成交付；以EPC模式承建的湛江公租房项目，是住房和城乡建设部的两个钢结构装配式住宅建设试点项目之一。中建科工针对“出行难”“停车难”，自主开发了慢行交通和智慧停车系列产品，分别应用于全国首条自行车高速公路、全国首个机械式新能源公交车立体车库等项目。

深圳京基100大厦

深圳会议展览中心

5.研发投入

2022年，中建科工的研发费用为14.87亿元，与2019年研发费用相比增长超2倍；研发投入强度3.9%，同比增长12%。

（六）中建科技集团有限公司

1.公司概况

中建科技集团有限公司（以下简称“中建科技”）成立于2015年，是全球最大的投资建设集团。中建科技是建筑工业化领域的“国家高新技术企业”“全国装配式建筑产业基地”“住房和城乡建设部装配式建筑头部企业”，具有建筑工程施工总承包特级资质和建筑行业甲级设计资质，连续两年获国务院国资委“科改示范企业”标杆。

2.公司定位

中建科技是开展科技创新与实践的“技术平台、投资平台、产业平台”，公司始终坚持“科技型企业”本色，站位“双碳”目标前沿，以“智力+资本”“产品+服务”商业模式，构建“建造业务+新型业务”双轮驱动业务格局，为客户提供建筑工业化全产业链绿色建筑产品，为低碳城市建设管理运营提供系统解决方案。

3.公司创新成果

中建科技组建中国首个装配式建筑领域院士专家工作站、中国首家装配式建筑设计研究院，拥有千余人科技领军创新团队，主导国际上首个工业化建造与自动识别技术应用结合的《工业化建造AIDC技术应用标准》，主参编国际、国家标准12项；自主研发的33项建筑工业化关键核心技术达到国际领先或先进水平，获发明专利58项。中建科技在中建系统率先进行制造基地布局，拥有24个建筑工业化制造基地及国内领先的智能化生产线。

4.公司优势与核心业务

（1）装配式建造业务——全产业链

中建科技自主研发全球首个装配式建筑智慧建造平台，自主研发国际领先的装配式钢混组合结构等装配式建造技术体系，规模化应用于住宅、学校、酒店会展综合体等高品质装配式建筑产品，为客户提供

深圳长圳公共住房项目

深圳坪山高新区会展中心效果图

研发、规划、设计、制造、建造、运维全产业链一体化建造服务，推动“工程建造”向工业化、智能化、绿色化转型升级。

（2）模块化业务

模块化建造是装配式建造2.0版本，以每个房间作为一个模块单元，房间的机电、管线、家具、装饰、幕墙等90%在工厂完成预制生产，运到现场直接吊装。与传统建造相比，模块化建造速度、精度、质量更高。模块化建造可大幅节水、节电，减少建筑垃圾排放，材料还可循环利用。

中建科技为城市提供应急性和永久性模块化建筑产品，与传统建造模式相比，实现节约用工50%、节约工期60%、减少建筑垃圾排放70%。

（3）低碳城市业务

中建科技面向“双碳”目标最前沿，成立“双碳发展研究院”“数字发展研究院”，推进“双碳”和数字化融合发展，研发“双碳”技术体系，建立“碳排放监测及碳资产管理平台”，探索“碳交易与碳金融”商业模式，主参编“双碳”国家标准，主导搭建行业联盟，组建新城建和新能源项目团队，以低碳产业、低碳建筑产品、低碳建造能力为低碳城市建设管理运营提供系统解决方案。中建科技研发全球首个运行的“光储直柔”建筑——中建科技深汕绿色产业园办公楼，实现了节电超10万度、节标准煤约33.34t、减少碳排放超47%。“光储直柔”建筑将光伏发电、分布式储能、直流电建筑、柔性控制系统四种技术结合，让建筑成为一座绿色“发电厂”，从能源的消费者转变为能源的生产与调蓄者。

5.研发投入

2022年，中建科技的研发费用为4.07亿元，研发投入强度3.4%。

（七）中建海龙科技有限公司

1.公司概况

中建海龙科技有限公司（以下简称“中建海龙”）是集研发、设计、生产、模块化建筑总承包、检测为一体的新型建筑工业化综合服务商。

中建海龙于1993年在深圳注册成立，是“国家高新技术企业”“国家住宅产业化基地”“广东省MiC绿色低碳智能集成建筑工程技术研究中心”“深圳市博士后创新实践基地”和“中建股份创新平台”，从事建筑工业化研究已有30年历史。

2.公司定位

中建海龙致力于推动新型建筑工业化和建筑业“双碳”目标的实现，打造具有精益设计、高效生产、快速施工、低碳运营能力的现代化新型建造方式全产业链综合服务商。目前，中建海龙组建了建筑科技研究院，以课题研发应用为导向，致力于新材料、新技术、新工艺的研究与推广。建筑科技研究院现有管理人员774人，工人1360人，其中专职设计研发人员207人，包括博士10人、硕士62人。

3.公司创新成果

中建海龙及旗下子公司共获得国家发明及实用新型等专利294项，软件著作19件，各级工法30项；主参编标准42项，专著3部，发表论文117篇。

4.公司优势与核心业务

中建海龙打造的MiC（Modular Integrated Construction，模块化集成建筑）新型建造方式，把建筑从工地搬进工厂，大幅缩短了工期，减少了施工难度。中建海龙主推模块化集成建筑新型建造方式，能提供模块化建筑研发、设计、生产、建造、检测一站式服务，当前已在紧急防疫、医疗、酒店、宿舍、学校等建筑领域广泛应用，成功实践项目55个，应用模块68500个，应用面积235万m^2。

（1）智慧工厂智能制造

拥有国内最领先的装配式建筑现代化工厂，装配式BIM设计平台和生产管理MES系统能实现设计端和生产端的无缝衔接，一次性生成生产计划、工序管理、质量检测、车间库存、发货管理的闭环数据，与3311C-Smart平台联动后，可实现装配式EPC全过程的可视化、信息化管理。

（2）数字化智慧生产施工管理

积极推动建筑与工业的有机融合，实现自动化生产和数字化管

深圳龙华樟坑径地块项目

深圳国际酒店项目

理，为建筑赋予了工业化产品的精度、品质、效率。自主开发的装配式BIM设计平台和生产协同管理平台（数据中台+MES系统），采用三维可视化、参数化的协同设计，以设计数据和模型为先导，实现设计端和生产端的无缝衔接，一次性生成生产计划、工序管理、质量检测、车间库存、发货管理的闭环数据。通过与3311C-Smart平台的联动，对人、机、料、法、环、测等要素进行实时监控和智能化运维，实现装配式EPC全环节数字化管理。

（3）全球集采领潮供应链集采平台

建立了以生产和现场为中心的全球采购体系，拥有强大的国际集采能力和丰富的供应商集采库。曾于7天内完成了20000t钢材和装修、机电、消防等66类材料的采购并开始供货。

5.研发投入

2022年，中建海龙的研发费用为1.18亿元，比2021年增长550%，研发投入强度3.2%。

（八）中集建筑科技有限公司

1.公司概况

中集建筑科技有限公司（以下简称“中集建科”）是中国国际海运集装箱（集团）股份有限公司（以下简称“中集集团”）的全资下属企业，是面向全球市场发展工业化成品建筑而成立的集研发、生产、投资和运营管理于一体的综合性建筑企业。公司拥有建筑设计甲级资质、建筑工程施工总承包一级资质等，业务范围覆盖建筑设计与咨询、工程总承包、建筑构件生产等产业链延伸业务。中集建科现为中国建筑金属结构协会的集成房屋分会会长单位、广东省装配式建筑产业示范基地、深圳市装配式建筑产业基地和深圳市钢结构模块化建筑技术研发中心单位。

2.公司定位

中集建科致力于发展钢结构装配式建筑和箱式钢结构模块化建筑两大产品体系的工业化成品建筑，推动传统建筑业转型升级和绿色低碳可持续发展，打造智能建造EPC生产的产业链，实现全流程信息化协同，是社会创造持续价值的全球领先的工业化成品建筑企业。

3.公司创新成果

中集建科开发的工业化成品建筑拥有161项专利。其中33项发明专利，128项实用新型专利。公司参编由住房和城乡建设部科技与产业化发展中心、中国建筑设计研究院有限公司主编的《装配式钢结构模块建筑技术指南》(2022年)，与中国建筑设计研究院有限公司共同主编《中国工程建设标准化协会标准（2019)》《箱式钢结构集成模块建筑技术规程》，参编由住房和城乡建设部科技与产业化发展中心主编的《钢结构住宅评价标准》。

4.公司优势与核心业务

（1）构件生产模数化研发

中集建科开展了钢结构住宅体系的标准化、自动化、模数化的研究和开发工作，从建筑体系开始，建立了一套基于模数化并可实现标准化生产的钢结构住宅体系，推进了钢结构住宅的标准化、集成化和产业化发展。

（2）BIM标准化设计和工业化智能生产能力

中集建科建筑深化设计的全过程贯穿了数字化和智能化，使用三维设计软件，应用BIM技术进行效果展示及仿真分析，实现了正向设计和全生命周期的数字化管理。通过探索并应用DFMA设计理念和BIM技术，生产制造流程做到了构件化、标准化、智能化。

通过一整套完整的智能化设备打造的智慧生产车间实现了标准化、数字化生产。依托中集集团的生产制造能力，智慧工厂实现了标准钢结构55台/小时的生产能力。数字化智慧工厂和精益管理双管齐下，实现一站式生产制造，将助推新型建筑工业化建设。

（3）智慧化装配施工

中集建科智慧工地管理平台（即智能项目管理平台）将施工现场业务系统和硬件设备集成到云平台，与视频监控、工地实名制、工地考勤闸机、安全帽识别、反光背心、识别火焰、抽烟等多端口对接同步，将产生的数据汇总、建模形成数据中心。智能识别项目风险并预警，问题追根溯源，帮助项目实现数字化、系统化、智能化，为项目决策和管理团队打造一个智能化信息中心。智慧工地AI平台（即智能项目管理

香港科技园创新斗室人才公寓

深圳市第三人民医院医护人员公寓

平台）部署在云端，可多端（浏览器、App）查看，具备后期多个工地信息统一接入的能力以及接入政府监管平台的能力。该平台可对项目的进度、成本、质量、合同、资源、财务、安全等建设全过程实行动态、量化管理和有效控制。

（4）工业化建筑运维服务

建筑综合能耗管理系统。

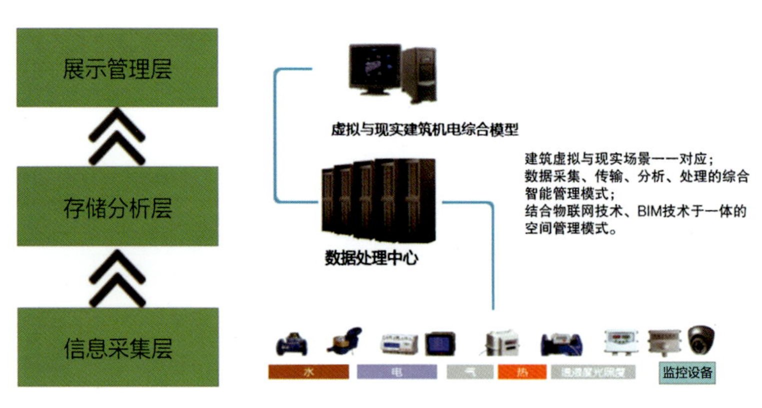

建筑综合能耗管理系统

建筑健康监测维护系统。通过感应监测对建筑结构体系的安全健康进行检查。

维修备品及人员储备管理。通过BIM系统留存建筑物部品部件的生产、安装信息，在建筑物250km范围内建立维修中心。

5.研发投入

2022年，中集建科研发经费超过5530万元，研发投入强度2.6%。

（九）深圳市地铁集团有限公司

1.公司概况

深圳市地铁集团有限公司（以下简称“深圳地铁”）成立于1998年，目前确立了国家铁路、城际铁路、城市轨道交通“三铁合一”的产业布局和轨道建设、轨道运营、站城开发、资源经营“四位一体”的核心价值链。

2.公司定位

深圳地铁全面践行“先行示范”理念，以建设世界一流的现代轨道交通体系为目标，构建开放、创新、共融的“轨道+”生态圈，全力推进平安、法治、科技、美丽“四个深铁”建设，致力于打造一流设施、一流技术、一流管理、一流服务、一流效益、可持续发展的轨道交通企业。深圳地铁重视人才队伍建设，运用“3+2”平台（成立创新研究院、院士工作站、博士后基地和两个国家级工程实验室），以重大项目带动突破，培养人才，人才结构不断优化。集团员工中博士学历51人、硕士学历1015人；正高级职称67人、副高级职称836人。

3.公司创新成果

截至2022年末，深圳地铁开展科研项目173项，累计获得中国城市轨道交通科技进步奖、中国土木工程詹天佑奖、广东省科技进步奖、深圳市科技进步奖等各类科技创新奖22项，拥有有效专利331项；拥有国家级创新平台3个、省部级2个。

4.公司优势与核心业务

（1）数字化建设

目前，深圳地铁数字化转型建设全面启动，乘车码日均出行比例超过65%；全自动运行试验中心建成使用；7个车站试点装配式车站建设；2项BIM技术升级为地方标准；6号、10号线在全国首次实现5G信号全覆盖；20号线的顺利开通，深圳地铁正式迈入全自动运行时代；“技防+人防”同步，提升地铁安全保障；“数字地铁”智慧底座正式上线，并入选中国城市轨道交通行业信息化最佳实践优秀案例。

（2）智慧平台

深圳地铁App为乘客提供全栈式线上智慧服务，率先实现广深两地地铁乘车码互联互通，智慧工地、应急指挥、智慧车站、智慧运维、智慧招采、财务共享中心等平台的应用，实现了对深圳地铁各板块的信息化覆盖，支撑核心业务全流程贯通。

5.研发投入

2022年，深圳地铁的研发费用为1.1亿元，同比增长26.8%，研发投入强度0.5%。

地铁前海时代广场效果图

深湾汇云中心效果图

（十）企业科技创新经验总结

企业是创新的主体，是推动创新创造的主力军。2021年新修订的《中华人民共和国科学技术进步法》明确指出，“促进各类创新主体紧密合作，创新要素有序流动，创新生态持续优化”，“发挥企业在技术创新中的主体作用，推动企业成为技术创新决策、科研投入、组织科研和成果转化的主体，促进各类创新要素向企业集聚，提高企业技术创新能力”。2021年10月，《人民日报》聚焦科技创新，解码深圳成为全国乃至世界的创新高地，其背后的奥秘在于“6个90%”，即90%以上的创新型企业是本土企业、90%以上的研发机构设立在企业、90%以上的研发人员集中在企业、90%以上的研发资金来源于企业、90%以上的职务发明专利出自企业、90%以上的重大科技项目发明专利来源于龙头企业。

本报告针对9家企业在创新能力提升、创新平台建设、创新人才培养以及创新体系构建等方面调研情况进行总结。主要做法和可借鉴经验如下：

1.发挥技术优势，打造企业创新特色品牌

调研的企业在不同科技领域深耕细作，各企业科技创新工作呈现出不同特色与亮点：深圳市建筑科学研究院股份有限公司，率先规模化开展建筑节能、绿色建筑和城市绿色发展实践，拥有技术平台18个，主持重点项目（课题）200余项，主编、参编标准规范200余项；深圳市市政设计研究院有限公司，是“交通基础设施智能制造技术交通运输行业研发中心”依托单位，荣获国际、国家、省及市级各类优秀设计奖600余项；深圳市建筑设计研究总院有限公司，累计提供建筑工程设计服务9500余项，创立了孟建民院士建筑工作室；华阳国际设计集团，是国家住宅产业化基地、深圳市BIM工程实验室的依托单位；中建科工集团有限公司，在国内外承建了一大批体量大、难度高的标志性钢结构建筑，荣获科技奖近100项，国家专利2000项，国外专利36项；中建科技集团有限公司，聚焦装配式建筑、绿色建筑、智慧建筑，设立了中建科技装配式建筑设计研究院、装配式建筑院士专家工作站、企业技术中心等科研平台；中建海龙科技有限公司，专注于混凝土预制构件、MiC模块化建筑等工业化建筑产品研发、设计、生产与施工服务，拥有国内最先进的装配式建筑现代化工厂；中集建筑科技有限公司，创新性开展箱式钢结构集成模块化建筑研发、设计、制造和安装，累计落地全球项目超过200个，超10万个建筑模块；深圳市地铁集团有限公司，“数字地铁”项目入选中国城市轨道交通行业信息化最佳实践优秀案例。

2. 将制度创新摆在企业科技工作的突出位置

注重制度创新、依靠制度创新、加快制度创新，是推动工程建设行业企业科技创新更持久、更深层的动力源泉。调研的部分企业大力推进科技体制机制改革，把制度创新贯穿各阶段各环节，积极推动实施促进企业科技进步的新举措新做法。深圳市建筑科学研究院股份有限公司、中建科工集团有限公司、中建科技集团有限公司及深圳市市政设计研究院有限公司因制度改革创新等方面表现出色，先后入选国务院国有企业改革领导小组办公室评选的全国“科改示范企业”。深圳市市政设计研究院有限公司设立“科技创新委员会”管理制度，科技创新委员会是公司科学民主决策的重要组织形式，采用会议审议形式指导公司各专业科研活动，为公司科技创新工作的决策提供技术支持。

3. 将技术创新作为企业保持竞争力的核心动力

企业积极将技术创新作为保持长期、持续竞争力的核心动力。一是建立以企业为主体、市场为导向、产学研深度融合的技术创新体系。中建科技集团有限公司与清华大学、哈尔滨工业大学等高校合作打造“未来城市联合实验室”“智慧建造实验室”等科研平台，联合开展国家重点研发计划项目40余项，并在深汕合作区开设了PC构件智能化制造厂。二是深入开展技术集成创新，加速企业科技进步，打响企业特色品牌。中集建筑科技有限公司研发先进的箱式钢结构集成模块化建筑技术，孵化出了符合市场发展趋势的先进建筑体系——箱式钢结构集成模块化建筑体系，对促进“两提两减”与发展绿色新型建筑工业化起到了积极作用。三是深入开展关键核心技术攻关，推动科技自立自强，加速科技赋能。中建科工集团有限公司聚焦钢结构“高大新尖特”领域，研究形成多项重大原创科技成果，打造了国内首条重型H型钢智能制造生产线；中建海龙科技有限公司推动MiC技术在国内推广应用，通过实践形成工厂化生产、装配化施工、信息化管理、一体化装修以及全自动化生产线“五化合一”的智慧建造方法。

4.将研发投入作为提升企业研发能力的重要支撑

越来越多的企业意识到，在推动技术进步的若干要素中，研发投入是不可或缺的基础因素之一。研发投入促进了技术创新的发展，技术创新带来的技术进步又可进一步为经济增长提供巨大的动力。本次参与调研的大部分企业对研发投入方面非常重视。2022年，10家企业研发经费总额超过24亿元，平均研发投入强度为4.0%。参与调研的企业基本都出台了较为完善的研发经费专项管理制度。例如，深圳市建筑设计研究总院有限公司出台了《深圳市建筑设计研究总院有限公司科研经费管理制度》，华阳国际设计集团出台了《华阳国际研发经费财务管理制度》。

5.将人才建设作为支撑企业创新发展的内在源泉

自主创新，人才为本，人才是科技创新的第一资源。调研企业通过不同方式、不同层面、不同举措，用目标凝聚人才、用实干造就人才、用制度鼓励人才、用机制保障人才。例如，深圳市建筑科学研究院有限公司试点实施“IBR蜜蜂激励模型”绩效与薪酬制度，突出激励与约束并重，以知识型技术人才为主体，提高薪酬投入产出效率，特别针对领军人才、学科带头人等高水平骨干科技人才推行薪酬单列管理，发布了《科技创新容错机制实施办法》，鼓励创新、支持担当、宽容失误、允许试错；深圳市建筑设计研究总院有限公司启动“行栋计划”，建立内部人才库，定期对入库人才开展专项培训，加强培养具有优秀执行力、学习力、沟通力、专业力的青年管理人才；深圳市地铁集团有限公司运用“3+2”平台（成立创新研究院、院士工作站、博士后基地和三个国家级工程实验室），以重大项目带动突破，培养人才，人才结构不断优化。

二、创新载体案例

（一）广东省滨海土木工程耐久性重点实验室（深圳大学）

广东省滨海土木工程耐久性重点实验室（以下简称“实验室”）依托

深圳大学建设，由广东省科技厅在2011年批准组建，于2015年完成验收。实验室由省市政府投资设备，深圳大学提供科研人员。实验室下设三个平台：研究平台、公共平台和行政管理平台。目前拥有固定科研人员46人，其中教授17人、副教授15人，具有博士学位的43人、有一年以上海外留学经历的30人。同时聘请国内外知名学者15人组成访问教授团队。实验室现有博士后研究人员21人，联合培养博士9人，实验技术人员及行政管理人员10人。

实验室研究团队在两任学术委员会主任陈肇元院士及周福霖院士的指导下，以邢锋教授为总学术带头人，依托国家杰出青年科学基金、国家973计划、重大国际科技合作、国家基金重点项目和国家与省联合基金重点项目等10项国家级重大项目及70项国家自然科学基金和50项省部市级研究项目，形成和扩展了以土木工程使用寿命（再）设计理论框架为基础的总体研究策略和技术路线（2004年首次确立，2010年扩展），以资源综合利用和可持续新型材料为推动点，不断完善滨海混凝土基础设施可靠度分析、劣化识别与控制的基本方法，在滨海混凝土结构性能劣化机理、控制理论及其工程应用方面取得了创新性的研究成果。

实验室主持纵向科研项目90余项和横向科研项目16项，科研经费7000多万元，平均年经费在1800万元以上；在国内外著名期刊和会议上发表学术论文1144余篇，被三大检索收录1000篇，其中SCI收录737篇，在JCR小区2区以上期刊发表学术论文545篇；出版学术著作10部；主编地方技术规范3部，参编国家、行业技术规范及标准6部；已获授权发明专利252项（其中国际专利6项）；获得2017年国家技术发明奖二等奖1项、2014年国家技术发明奖二等奖1项、2013年教育部技术发明一等奖1项、2014年广东省科技进步奖一等奖1项、教育部及广东省科技进步奖二等奖共2项及其他省市级科研奖励10余项；主要研究成果广泛地应用于广东省及深圳市的重大工程中（盐田港、西部通道、深圳机场、大亚湾核电站、深圳港西部港区疏港道路、东部通道等），为广东省混凝土基础设施建设的可持续性及全寿命经济性提供了支撑。

目前实验室已与多数国际名校签署了合作研究和联合培养研究生的协议。近5年邀请国内外著名学者90余人来实验室举办各种学术讲座及论坛120多场。基于实验室在国内外土木工程耐久性研究领域影响力的提升，近5年成功主办及承办了5次高级别的国际学术论坛，为推动滨海土木工程领域的技术进步、不断提升实验室的研究开发实力打下了坚实的基础。

（二）广东省建筑节能与应用技术重点实验室（深圳市建筑科学研究院股份有限公司）

广东省建筑节能与应用技术重点实验室（以下简称“实验室”）依托深圳市建筑科学研究院股份有限公司建设，由广东省科技厅在2009年批准组建，于2012年完成验收。

该实验室研究的主要方向有：绿色建筑与建筑节能规划与设计理论与技术研究；绿色建筑材料与围护结构节能理论与技术研究；建筑设备与系统节能理论与技术研究；绿色建筑技术应用与评价体系研究。

研究主要内容有：建筑用能设备及系统节能理论与技术研究。开展高效节能型用能设备理论与技术研究、建筑用能系统运行优化控制理论与技术研究、建筑用能系统能耗监测理论与技术研究；建筑环境控制理论与技术研究。开展建筑室内热舒适控制理论与技术研究、建筑室内空气质量控制理论与技术研究、建筑安全通风理论与技术研究；建筑围护结构节能理论与技术研究。开展新型节能建筑墙体材料开发理论与技术研究、透明围护结构遮阳理论与技术研究、建筑围护结构节能优化理论与技术研究；建筑能源系统规划设计理论与技术研究。开展建筑用能决策与规划理论与技术研究、建筑先进能源系统理论与技术研究、可再生能源建筑规模化应用理论更新与技术研究。

（三）广东省建筑节能与环境控制工程技术研究中心（深圳达实智能股份有限公司）

广东省建筑节能与环境控制工程技术研究中心（以下简称“中心”）依托深圳达实智能股份有限公司（以下简称“达实智能”）建设，由广东省科技厅在2013年批准组建，于2017年完成验收。中心目前有固定科研人员120人，其中高级工程师10人，中级工程师40人，具有博士学位2人，硕士学位30人。

中心研究方向为面向绿色建筑的建筑智能化节能控制。主要研究内容包括建筑节能及建筑智能化领域关键技术的开发、大型建筑能效管理关键技术的研究、节能技术在高端酒店的研究与应用、基于物联网的能源计量监测系统的研究、水蓄冷技术研究、冷热电联产技术的研究以及冰蓄冷技术的研究等。

中心任务目标为研制推出针对建筑中央空调系统的节能控制系统产品、在线的中央空调能耗分析、能耗诊断软件，形成中央空调节能改造、能源站建设、水蓄冷建设的大型数据库。同时，在建筑能耗数据采集技术、能耗数据传输技术、能耗数据库与软件、能耗在线审计技术、能耗设备远程维护、远程诊断和故障报警、能耗模拟分析预测、节能控制优化、持续增效等领域形成关键技术和核心产品。

近3年来，中心主持科研项目超15项，研发投入总额超22000万元，平均年经费约7400万元；申请发明专利36项，实用新型专利12项，外观专利14项，获得软件著作权142项；获得第二十三届和第二十四届中国专利优秀奖；获得2022年度广东省科技进步奖二等奖；公司主导或参与完成了《合同能源管理技术通则》《数据中心能效限定值及能效等级》等国家标准；参与完成《公共建筑中央空调控制系统技术规程》《深圳市公共建筑能耗标准》《绿色建筑运行检验技术规程》等地方标准；同时正在参与行业标准《地铁车站中央空调系统经济运行》的编制。

中心与国内知名高校建立了长期良好的合作关系，依托单位达实智能与国内11所重点大学联合成立了“工程博士、硕士培养中心”，在“产学研模式”下培养了50余名工程硕士和博士，不断为公司发展补充生力军。国家博士后科研工作站已成熟运作19年，引进并共同培养院校博士16名。

（四）广东省岩土与地下空间工程技术研究中心（深圳市工勘岩土集团有限公司）

广东省岩土与地下空间工程技术研究中心（以下简称“中心”）依托

深圳市工勘岩土集团有限公司（以下简称“工勘集团”）建设，2019年经广东省科技厅认定。中心由工勘集团提供中心所需的办公场地、实验设备，创造研究条件，提供已掌握的工程技术及创新试验项目，调配工程专业技术人员和技术工人，及时推广新技术，为科研成果的转化创造产业化条件。中心由工勘集团副总经理兼副总工程师付文光（教授级高级工程师）担任主任，科研团队有骨干人员20余人。中心重点研究岩土工程的勘察、设计、施工、监测检测等领域的新技术与新应用。

中心组建3年来取得了显著的成果：参与授权专利18项，其中“具备导流功能的挡土墙结构”等实用新型专利16项，“预制式预应力锚杆施工结构”获日本专利1项，“灌注桩混凝土标高测量及超灌控制方法”等发明专利3项；参与“岩土工程并行有限元程序设计软件”等软件著作权4项；参编《岩土锚固技术标准》SJG 73—2020等省、市、协会技术标准5项；参编“基坑钢管立柱桩砼灌注防绕流施工工法”等省级工法4项，“填石边坡桩板墙高位预应力锚索栈桥平台顶驱双套管钻进施工工法”等市级工法3项；组织指导发表论文10余篇，其中《拉力型锚索各锚筋受力不均匀现象试验研究》等3篇发表在《岩土工程学报》等EI检索中文核心期刊上，《国内基坑可回收锚杆技术及产业调查》等近10篇发表在中文核心期刊上；合作撰写《实用岩土工程施工新技术（2020）》1部；主持及参与科研课题10余项，鉴定结论为“国际先进”的有5项，其他为“国内领先”或“国内先进”；“城市地质多要素GIS三维建模关键技术及应用”等获省勘察设计行业协会科学技术类奖项7项，参与的“锚杆智能检测关键技术研发与应用”等科研课题获广东省土木建筑学会科学技术奖8项。

中心成立以来，紧抓“应用”这个着力点，充分发挥依托单位工勘集团在人才、技术、仪器设备等方面的优势，建立产学研有机结合、科研与应用相互促进的长效机制。积极推动跨学科、跨领域的创新型技术合作研究，促进岩土工程技术的持续创新。中心与深圳大学、辽宁工程技术大学、广东水利电力职业技术学院等签署校企合作协议，建立培养训练科研人才和产学研交流的基地。

（五）广东省卫生空间产业化工程技术研究中心（深圳市建筑设计研究总院有限公司）

广东省卫生空间产业化工程技术研究中心（以下简称“实验室”）依托深圳市建筑设计研究总院有限公司建设，2019年经广东省科学技术厅认定，是国内首个卫生空间产业化工程技术研究中心。

实验室专注于卫生空间研发，是深圳市建筑设计研究总院有限公司科技成果转化的创新试点。实验室响应国家“双碳”目标，秉承“极小、极净、极简、极易、极少、极精、极省”的“七极”理念，坚持以科技创新引领企业发展，所研发产品积极践行绿色低碳模式，制造低碳环保产品，不断提升核心竞争力，从建筑设计、物理环境、应用心理学、材料、加工工艺、智慧管理、无人维保等方面全方位研究低碳微型智慧建筑空间产业。

近年来，实验室取得的科研成果主要有：获得发明专利10项，实用新型专利20项，外观专利4项；发表核心期刊论文4篇；广东省及深圳市科研项目方面，列选深圳市2021年工程设计领域科技计划项目；获广东省勘协及土木建筑学会科学技术奖一等奖1项、三等奖1项，获第二十一届中国国际高新技术成果交易会优秀产品奖；积极推进科技成果在工程示范项目中的应用，微空间产品已在大型赛事、外交活动、地铁公交、公园绿道等场所投放应用，并成为2022年北京冬奥会北京颁奖广场唯一指定的卫生产品。

（六）深圳市建筑幕墙智能检测工程技术研究中心[中冶建筑研究总院（深圳）有限公司]

深圳市建筑幕墙智能检测工程技术研究中心（以下简称“中心”）依托中冶建筑研究总院（深圳）有限公司建设，2020年经深圳市科技创新委员会认定。中心前身是由依托单位于2016年组建的建筑幕墙智能检测研究中心。中心下设四个部门：技术研发部、幕墙检测部、市场运营部和综合办公室。目前有固定科研人员26人，其中正高级工程师4人、高级工程师9人，4人具有博士学位（博士后出站3人），21人具有硕士学位，6人获评深圳市高层次人才称号（国家领军1人，地方领军2人，后备级3人）。中心现有博士后研究人员3人、联合培养博士1人、硕士3人、技术人员及行政管理人员10人。

中心科研团队在国内较早地对建筑幕墙智能检测特别关注，在两任技术委员会主任岳清瑞院士及侯兆新大师的指导下，以姚志东高级工程师为主任和梁伟桥正高级工程师为总顾问，依托国家重点研发计划课题、广东省重点研发计划课题、深圳市技术攻关面上项目、中国五矿集团科技专项和公司重大课题等10项科研课题，形成和扩展了建筑幕墙全寿期智能诊断的总体研究策略和技术路线，以人工智能和数据平台等跨学科技术为推动点，逐渐在建筑幕墙智能检测方面及工程应用方面取得创新研究成果，包括基于多普勒激光测振的性能检测监测、基于计算机视觉的表面缺陷检测、基于高光谱的硅酮胶劣化识别、基于无人机正射图像的金属屋面耐久性能检测和基于壁面飞行器的无人化智能检测设备研发。

获得认定3年来，中心主持纵向科研项目10余项和横向科研项目20项，科研经费3000多万元，平均年经费在1000万元以上；在国内外著名期刊和会议上发表学术论文40余篇；主编技术规范4部，参编国家、行业技术规范及标准12部；已获授权发明专利10项（其中PCT专利4项），软件著作权32项；2020年获得中国建筑学会科技进步奖特等奖、2019—2020年连续2年获得中国钢结构协会科学技术奖一等奖；主要研究成果已成功应用于深圳市及周边地市的重大工程诊断中（港珠澳大桥珠海口岸、深圳市民中心、珠海体育中心场馆建筑群、深圳赛格广场大厦、深圳迈瑞大厦、深圳兆邦基大厦等），为深圳市及大湾区建筑幕墙的智能化无损检测提供了支撑。

目前中心已与哈尔滨工业大学（深圳）、深圳大学、清华大学深圳国际研究生院、北京科技大学、北京航空航天大学、天津大学等国内著名高校开展科技研发合作和联合培养博士后的协议。通过近3年的建设，中心已逐步在深圳市乃至广东省建筑幕墙智能检测领域取得了显著的影响力，为推动建筑外围护系统检测领域的技术进步、不断提升研究中心的科研实力打下了坚实的基础。

（七）深圳建筑废弃物综合利用工程实验室（深圳市为海建材有限公司）

深圳建筑废弃物综合利用工程实验室（以下简称“实验室”）依托深圳市为海建材有限公司建设，由深圳市发展和改革委员会在2017年批准组建，于2020年完成验收。实验室包括标准化检测研发试验室与工程应用试验场。目前有固定科研人员26人，其中正高级工程师1人、高级工程师10人、中级工程师3人、助理工程师1人、实验技术人员10人、行政管理人员1人。

项目团队在杨根宏正高级工程师的带领下，针对建筑废弃物高效回收、转化成可利用资源处理、就地低耗分拣分类预处理、优化加工、安全处置等技术，形成了具有自主知识产权的智能化“五位一体”建筑废弃物高效循环利用技术，掌握了再生骨料和强化后再生骨料生产的再生系列产品核心技术，取得了多场景应用的研究成果。

近年来，依托实验室平台，广东省绿色生态混凝土工程技术研究中心在2021年8月获得广东省科学技术厅认定，完成了广东省住房和城乡建设厅、省经济和信息化委员会联合开展的高性能混凝土推广应用试点工作，以及广东省住房和城乡建设厅开展的预拌混凝土绿色生产评价试点工作，模块式砂浆（混凝土）智能服务站被市住房和建设局列为深圳市“十三五”工程建设领域科技重点计划（攻关）项目并通过验收，绿色生态透水混凝土的工业资源综合利用项目得到市工业和信息化局的扶持。编制的《预拌混凝土单位产品能源消耗限额》GB 36888–2018、《混凝土物理力学性能试验方法标准》GB/T 50081–2019、《预拌砂浆》GB/T 25181–2019等10部标准规范发布或实施，《余泥渣土聚合物植生混凝土及制备方法》（CN202010600773.9）、《一种拆建及装修废弃物的资源化处理工艺》（ZL201911217537.2）两项发明专利获得授权，《一种护坡预制件以及护坡结构》（ZL202021134651.7）等15项实用新型专利获得授权，水泥浆浓度分析等3项著作权获得登记证书，研发的产品取得《绿色建材评价标识证书》。

（八）企业技术中心（深圳市勘察研究院有限公司）

深圳市勘察研究院有限公司企业技术中心（以下简称“中心”）依托深圳市勘察研究院有限公司建设，由深圳市工业和信息化局在2019年批准组建。中心按照现代企业管理要求，建立成集研究开发、推广应用于一体的企业性研究开发机构。中心以深圳市勘察研究院有限公司为依托，实行权责明确、管理科学的运作模式。中心主要科研团队为112人，其中博士1人、硕士33人、本科78人，包括教授级高级工程师6人、高级工程师48人。

近5年来，中心主持深圳市科研项目6项，科研经费1800多万元；在国内外著名期刊发表学术论文60余篇，主/参编国家、省、市及行业技术规范及标准50余部；已获授权发明专利39项、实用新型专利184项及软件著作权101项；平均每年研发项目8个，均已成果转化，并产生良好的经济效益；获得国家、部（省）、市级奖项200余项，其中2020年广东省技术发明奖1项、2020年全国优秀测绘工程奖金奖3项、2021年中国地理信息产业协会科技进步奖二等奖1项及中国测绘学会科学技术奖二等奖1项等。

目前中心与中国地质大学、同济大学、深圳大学、成都理工大学等科研院所开展多方面、深层次的科研合作，为更加有效地保护生态环境、预防或减轻城市地质环境问题及地质灾害带来的危害进行战略合作。中心与大型规划设计院等数十家关联企业建立了长期稳定的合作关系。中心目前是深圳市规划国土、建设、城管、海事、水务、旧改、环保、地震等政府部门的主要技术和基础数据支撑力量之一。中心还进一步同国内外相关同行机构或单位扩大交流，相互接轨，共同发展。

中心已制定未来5—10年技术创新发展战略、总体发展目标及近期在技术创新方面实施的重点举措。未来主要开展地质灾害防治研究、地质信息研究、软基治理工程、测绘地理信息技术等方面的研究。同时中心将完善已有的研发团队，实行全新的运行机制，按照现代企业规范化的要求，由行业资深专家组成团队实行现代化专业管理。

（九）企业技术中心（中建科技集团有限公司）

中建科技深圳市企业技术中心（以下简称“中心”）依托中建科技集团有限公司建设，2020年经深圳市工业和信息化局认定成立。中心以中建科技深汕自动化生产试验基地、智慧建造实验室、未来城市联合实验室等5个试验研发场所作为基础试验研发场地，以广东省院士工作站、深圳市院士（专家）工作站及深圳市博士后创新实践基地作为人才引进及人才培养的载体。中心成立以来，引进英国皇家工程院（欧洲科学院）康健院士入驻公司深圳市院士（专家）工作站，组建8大科研团队。2021年，中心新增国家高层次人才特殊支持计划（“万人计划”）1人、广东省勘察设计大师1人、中建集团研发序列首席专家1人、其他专家1人、海外高层次人才计划（“孔雀计划”）21人。

中心成立以来取得了以下成果：

建筑工业化方面。中心科研团队研发形成中建科技《装配式建筑技术标准》、十大产品体系（装配式住宅建筑、装配式超低能耗建筑等）和十大结构体系（装配式混凝土结构体系、装配式钢结构体系等），打造基于互联网的建造过程大数据集成系统，其成果包括：“三全（全员、全专业、全过程）”BIM、数字设计、无人机自动巡检、机器人三维建模、智慧管理系统等。中心开发集成节能环保、智慧管理、健康防疫等技术体系的模块化建筑产品，研发了装配式消毒通道、装配式测温通道、装配式防疫站等防疫建筑产品、模块化应急防疫产品，依托工业化、数字化高效制造能力，供应并建造了20000余间应急设施。

绿色建造方面。中心为住房和城乡建设部等十三部委联合发文的《关于推动智能建造与建筑工业化协同发展的指导意见》等政策文件的主要编写成员；主编住房和城乡建设部市长培训教材《绿色建造与转型发展》，主编北京城市副中心《发展绿色建筑 推动绿色城市建设指导意见》，牵头完成《雄安新区绿色建造导则》等行业及地方导则。中心成立以来，承接了包括国家自然科学基金、“十三五”重点研发计划，以及广东省科技厅、深圳市科创委以及住房和城乡建设部等课题12项。取得了“夏热冬暖地区既有公共建筑综合性能提升与改造的关键技术”

等重大成果10余项，并形成了中建科技绿色产业园直流柔性建筑技术改造项目示范等具有代表性的示范工程。

（十）博士后科研工作站（深圳市市政设计研究院有限公司）

深圳市市政设计研究院有限公司（以下简称“市政院”）遵循博士后管理制度，重点关注博士后研究人员的培养工作。2007年成立深圳市博士后创新实践基地，大力发展科技创新方面的研发工作。2015年10月，由人力资源和社会保障部与全国博士后管委会联合认定，成立国家博士后科研工作站。其主要任务是以“资源共享、优势互补、共同发展”为基本原则，依托桥梁、道路、结构、地下工程、水环境等领域的重大课题，与国内重点高校开展项目合作与博士后人才联合培养，加快提升公司的创新人才队伍和核心技术水平。目前，博士后科研工作站已经成为公司科技研发与创新、人才引进与培养的重要堡垒。

（十一）博士后创新实践基地（中建海龙科技有限公司）

中建海龙科技有限公司（以下简称“中建海龙”）筹建的博士后创新实践基地于2022年经深圳市人力资源和社会保障局批准成立。基地的获批为中建海龙引进高层次技术人才、提升科研能力创造了条件，以推动实现人才兴业和科技强企。

自成立至今，中建海龙与哈尔滨工业大学等多所高校建立了良好的产学研合作关系；新购置价值176万元（税后）研发设备34套（台），基地合计研发设备逾230套（台），设备原值近600万元；引进和招入博士后4名；依托基地开展研发课题5项。基地重点聚焦MiC装配式建筑材料和产品的技术攻关，课题研究成果经转化，为中建海龙新增申请专利49件，其中发明专利19件；新增授权专利52件，其中发明专利5件；发表学术论文12篇，获鉴证成果4项。

三、绿色低碳创新技术

（一）直流建筑技术

1.技术要点

建筑采用低压直流配电系统，由低压直流配电线路（电压1500V以下）以及相应的控制保护设备组成电力系统。

建筑终端用电设备全直流化。直流配电系统的电压可在较大范围内变化（例如，±30%），并且可以调节直流母线电压和调控建筑用电功率。

直流接入光伏、分布式储能电源，连接光伏电池的DC/DC，可以根据光伏电池的输出状况，自动调节接入阻抗，使光伏保持最大的输出功率；连接储能电源的DC/DC，根据母线电压的变化，在蓄电、放电和关闭三种状态之间选择和调控。

2.技术优势

建筑直流配电系统可减少太阳能发电利用过程中的电能转换损失，同时利用储能电池提高太阳能发电量与利用效率。

和交流配电系统相比，直流建筑减少了4%-8%电能损耗，并提高了14%太阳能发电量。

建筑用电从刚性负载特性变为可根据要求调控的柔性负载特性，实现“需求侧响应”方式的柔性用电，有效解决目前由于建筑本身用电变化导致的峰谷差变化问题。

形成建筑与电网的交互运行模式，助力新型电网建设。

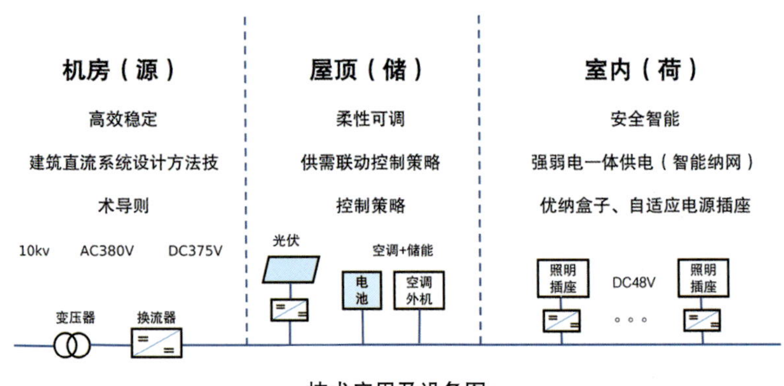

技术应用及设备图

3.应用案例：深圳建科院未来大厦全直流配电建筑

实施单位：深圳市建筑科学研究院股份有限公司。

案例概况：项目位于深圳市龙岗区坪地街道，建筑面积6259.4m^2。建筑采用全直流配电系统，双极母线架构采用三电压等级（DC750V、DC375V、DC48V），为大楼研发、办公、实验以及展示等多种功能进行供电。配置150kW分布式光伏、250kWh分布式储能电池、双向柔性充电桩等新能源发电和灵活性设备。

实施效益：提高建筑能量转换效率与可再生能源发电量，全年太阳能发电占比36%。结合绿色建筑技术降低碳排放，每年减少碳排放量183.3t。降低电力负荷峰值并于未来与高比例可再生能源发电形态相匹配，从建筑用户侧缓解电网调控压力与成本。

（二）"光储直柔"技术

1.技术要点

"光"是指建筑光伏，应用建筑光伏一体化（BIPV）技术，充分发掘建筑屋顶及表面光伏铺设潜力，大比例接入绿电。

"储"是指建筑内分布式蓄电及利用邻近停车场电动汽车的电池资源，电动汽车实行双向充电，将电动汽车作为建筑能量的调蓄池。

"直"是指建筑内部采用直流供电，包括建筑直流配电和电器直流化，大幅减少建筑电源端和负载端的"交—直转换"环节，同时可在宽幅范围内调节电压电流来实现变功率输出。

"柔"是指柔性用电，使其成为电网的柔性负载或虚拟灵活电源，建筑用电设备具备可中断、可调节的能力，建筑用电需求从刚性转变为柔性。

2.技术优势

发展建筑光伏一体化（BIPV）技术，可充分利用现有空闲空间，且安装成本低；纳入建筑的日常维护管理，大幅降低维护成本；可接入建筑低压配电系统中，尤其是可直接接入光储直柔配电系统中。

通过双向充放电技术，以电动汽车代替建筑集中储能，既避免了添置额外蓄电设备带来的消防安全隐患，又以移动储能的方式提升电网容量效率，且造价低。

通过直流配用电技术，兼容可再生能源发电设施，减少交直能源损耗，提高建筑电气效率。

通过柔性用电技术，使建筑根据配电侧的变化调整自身用电功率，既充分消纳可再生能源，又能平抑电网需求波动。

3.应用案例：中建绿色产业园A区项目1号综合楼

实施单位：中建（深圳）绿建投资有限公司、中建科技集团有限公司。

案例概况：中建绿色产业园位于广东省深汕特别合作区，是一座集新型建材研发与制造、新型建筑技术研究与展示为主的综合性产业园。“光储直柔”示范区域为A区1号综合楼8个办公区域，总建筑面积1645m^2。主要实现内容包括光伏发电系统、分布式储能系统、直流配电系统设计及末端电器直流化、可视化能源管理平台。项目的分布式光伏组件峰值功率55kWp。

实施效益：分布式光伏组件年均发电量6.35万度，直流配电系统每年节约电量1.57万度，建筑储能配合建筑柔性荷载削峰填谷每年节约电量2.35万度，总计光储直柔建筑技术每年节约电量10.27万度，减少碳排放量82.59t。实现建筑领域直流配电和柔性用能，完成大比例可再生能源消纳，创建建筑碳中和模板，在建筑碳中和实施路径方面具有良好的社会和环境效益。

中建绿色产业园A区项目1号综合楼

（三）近零碳排放社区改造技术

1.技术要点

既有建筑能效提升。围护结构优化：建筑外立面进行精细化节能设计，综合考虑自然通风采光、外遮阳及保温隔热。空调系统改造：更换空调系统，提升节能效率。照明系统优化：更换为LED灯具，采用北斗七星光导管自然采光。

可再生能源利用。光伏发电及光储直柔：建筑屋顶、立面铺设高效单晶硅光伏组件，开展光储直柔利用。其他可再生能源利用：太阳能智慧灯杆、太阳能充电座椅、光伏发光地砖。

循环可再生材料利用。再生砖、再生铝、石笼凳、再生混凝土：在社区公园道路、石凳等部位应用建筑废弃物再生产品。建筑垃圾再生产品制备预拌混凝土。

低碳施工及绿色建材。砌体免支模技术：利用U形砌块代替施工模板。装配式建筑技术：采用装配化施工技术。立体车库采用装配式钢结构、模块化车厅、模块化幕墙、装配式防火隔墙。绿色建材"碳标签"：公园及报告厅等使用绿色建材，张贴"碳耗码"，查看材料碳排放量信息。

节水与海绵城市。节水灌溉：社区公园绿植采取纳米灌溉系统。雨水回收利用：设置既有建筑与周边环境相结合的雨水回收利用系统。绿色屋顶：建筑屋面进行花园改造。雨水花园：选用透水砖，改造既有建筑周边环境，增加建筑周边绿化，提升生态碳汇能力，降低整个社区碳排放。

智能建造与运营。BIM技术应用：采用BIM技术辅助设计与施工，构建固碳植物BIM数据库。碳管理综合平台：整个社区开展碳排放数据采集、综合分析，将能耗数据形成集中展示平台，打造以碳达标为主题的碳管理综合平台。一氧化碳监测系统：既有建筑地下车库采用一氧化碳监测系统，与新风系统联动，提升地下车库空气质量。室内空气智能识别系统：多功能厅设置空气传感器，实现温度、湿度、PM_{10}、$PM_{2.5}$以及有害物苯、氨、甲醛等的气态浓度联动控制。智能化停车管理系统：采用基于数字孪生的智能车库运维管理平台。

2.技术优势

通过改造前诊断分析，选择适合既有社区现状的环境提升和低碳改造措施。集成应用多项绿色低碳技术，有效实现绿色化、工业化、数字化“三化融合应用”。

3.应用案例：甘泉路近零碳示范社区

实施单位：华强北街道办、深圳市建筑设计研究总院有限公司、深圳市特区建发集团有限公司、中建八局南方建设有限公司、中国建筑第八工程局有限公司、中建科工集团智慧停车科技有限公司。

案例概况：该项目位于深圳市福田区华强北街道甘泉路以东、振华路以北。项目包括近零碳社区公园、智慧立体停车库、设计大厦节能改造工程、设计大厦环境提升工程等四部分建设内容。

实施效益：设计大厦建筑碳排放总量比原有降低40%以上；可再生能源利用率为12.41%，大于8%，满足近零碳排放试点建筑的要求。创建近零碳排放示范社区，打造既有公共建筑绿色低碳改造范例，建设绿色低碳休闲社区标杆。

甘泉路近零碳排放示范社区改造项目

（四）电力网与数字通信网两网融合建筑能耗实时监控技术

1.技术要点

研发电力网与数字通信网两网融合的数字通信技术，实现“有电就能通信、就能控制的电力物联网”。

系统由电信控网关、物联网全电量测控器和既有的电力电缆网络组成。电信控网关可对各种物联网全电量测控器进行整合，在建筑物的电力电缆网络上完成数字通信网络的部署，保证既有电力网既输送电能又传输信息。

通过电信控网关进行（云）服务器与智慧终端的数据交互，实现独立终端配电设备的能耗实时监测、实时采集、实时预警、实时控制，达到精准管控用电安全和节电降碳的目的。

2.技术优势

无需另建通信网络通道，以实施便捷、成本较低的方式，解决大量独立终端配电设备及用电设备的远程通信、控制难题。

可实时检测电力运行状态，并在信号接通不灵时进行数字通信网络自愈，建立电力网与数字通信网络环境之间的联系。

经济、便捷地实现对市面大部分配电设备和其他用电设备的能耗实时监控。利用建筑物原有电力系统，将建筑体内诸多种类、功能、标准、型号的配电设备和其他用电设备进行关联，有利于实现生产要素数字化，将物理资源转化为数据资源。

可达到《建筑节能与可再生能源利用通用规范》对建筑物能耗进行分类、分区、分项计量的要求。

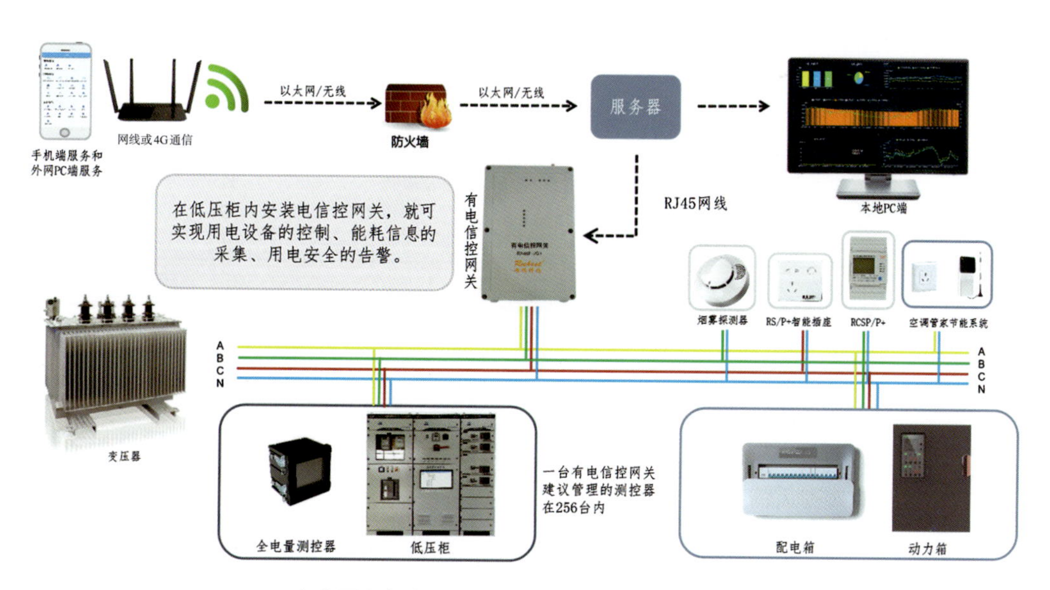

电力网和数字通信两网融合创新系统使用示意图

3.应用案例：深圳市公安局龙岗分局三所三队一中心1号地块

实施单位：深圳市建筑工务署、深圳市配电设备行业协会、深圳市建筑科学研究院股份有限公司、中建四局有限公司、深圳市凌祺实业有限公司。

案例概况：位于龙岗区龙岗街道、龙岗河西北侧，东临龙岗区坪地湿地公园，总建筑面积54293.25m^2。

实施效益：采用电力线传输，在内网范围即可实现数字信号的传输与控制，信息保密性强，安全程度高。在既有的电力电缆网络构建数字通信网络，随地让智慧终端上线。无须额外增加通信网络建设和运维成本，即可实现获取每台独立终端配电设备的用能数据。可采集和分析精细化的能耗数据，实现分类、分区、分项的能耗管理，为节能减排提供

项目系统图和配电设备能耗和用电安全实时监控

精准数据。对公共区域的照明、潜污泵、送风风机实现多样性控制，实现便捷用电和节约用电。

（五）大型商场超市节能运行管理系统

1.技术要点

设备监测。可视化界面呈现机电设备运行状态与参数，并实现设备交互控制。

智能运行。提供时间表、设备轮换、制冷系统群控等控制策略。

能源管理。提供用电分项查询，可设置制冷系统用能限额及超额预警。

告警管理。提供设备状态及参数越限告警，及告警推送。

移动运维。可在移动端实现设备监测、告警查询及能耗管理。

2.技术优势

建立用能数学分析模型和能耗指标体系：基于物联网技术能耗实时监测系统的在线节能运行诊断与控制理论，建立了用能数学分析模型和能耗指标体系，汇总现有节能运行诊断技术。开发大型商场超市节能运行管理系统软件平台：基于已开发成熟的大型商场超市建筑能耗实时监测系统和建筑能耗在线节能运行诊断与控制理论研究，采用IT编码技术进行软件开发，搭建基于物联网技术的大型商场超市建筑节能运行管理系统软件平台，实现对节能数据的存储和用能设备的实时、智能管控。开发大型商场超市节能控制系统：对冷站控制柜、冷冻泵控制柜、冷却泵控制柜、空调风柜优化控制柜和冷却塔优化控制柜进行完善开发，将其应用到节能运行管理系统软件平台中，对建筑节能运行管理薄弱环节进行直接控制，实现对空调系统、照明系统等各种对建筑能耗影响较大的设备与系统的智能控制与优化控制，及时有效地降低建筑能耗。

3.应用案例：深圳市东门天虹

实施单位：天虹商场股份有限公司、深圳市紫衡技术有限公司。

案例概况：深圳市东门天虹位于罗湖区新园路17号迎宾商业大厦，商场共6层，总建筑面积26000m^2。其中1层为超市，2～6层为百货，属于大型超市。节能率为21.0%。

实施效益：项目应用的大型超市和大型购物中心整体能耗水平得到显著下降，平均综合节能率分别在29%～45%。通过应用项目能效测评报告，东门天虹2016年度节能量为1823578kWh。有效降低零售业建筑能耗，降低对电网负荷的要求和冲击。同时，节能运行管理系统平台提供详实的能耗数据，帮助提高零售业的管理者、使用者的节能意识。

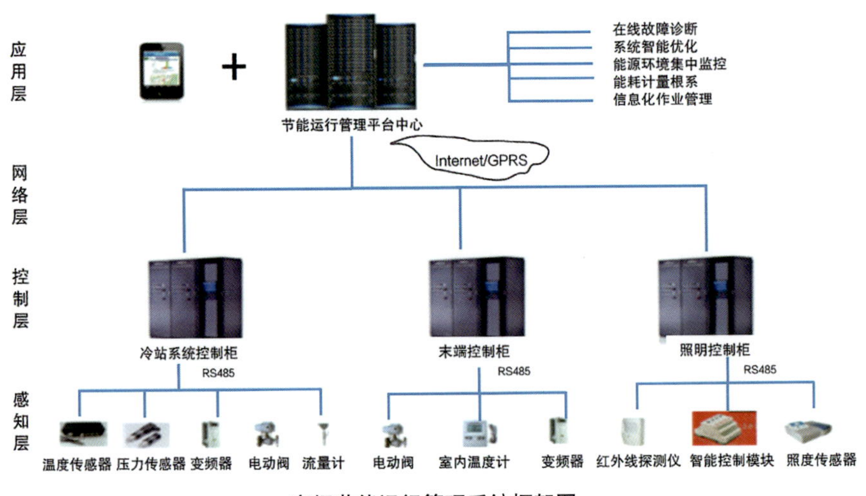

商场节能运行管理系统框架图

（六）室内装修污染防控技术

1.技术要点

将室内装修污染管控从“事后治理”改变为“事前预防”，建立贯穿设计、施工、验收、运营的全过程室内空气污染防治全新模式。

（1）空气质量分级标准。将空气质量分为合格级、优质级、卓越级3个等级，其中卓越级对应国际健康建筑标准。

（2）材料家具污染释放率评价指标。采用环境舱测试法直接反映材料和家具的污染释放规律和环保性能。

（3）数字化污染控制技术。采用自主开发的空气质量预评价软件，在设计阶段精准预测室内污染浓度，解析污染源头，为工程提供极低成本的数字化手段辅助方案优化和选材。

（4）精细化工程管控模式。建立贯穿工程全周期的污染管控模式，并提供具体落地措施。

2. 技术优势

实现室内装修污染防控的定量化、前置化、科学化和系统化。

通过源头管控将装修污染风险降低90%以上，以极低成本提升室内环境品质。

3. 应用案例：福田区梅香学校

实施单位： 深圳市福田区梅香学校、深圳市福田区建筑工务署、深圳市建筑科学研究院股份有限公司。

案例概况： 该项目位于福田区下梅林片区，项目总用地面积 $23434m^2$，总建筑面积 $48852.02m^2$。

实施效益： 配置家具后室内空气质量满足卓越级要求，显著优于国家标准要求。配置家具后一周内即实现放心入住使用，无须通风空置。师生环境满意率高达99%。

福田区梅香学校项目效果图

（七）滨海湾区城市绿色空间韧性优化技术

1. 技术要点

限定滨海空间格局下，城市绿色空间配置对城市韧性的驱动机制，以及在此基础上形成的韧性评估、影响和适应加强的范式技术集成。

滨海湾区绿色空间全生命周期的韧性评估。一是构建绿色空间的韧性评估体系；二是选取合理研究区进行情景设计；三是量化评估各情景的灾害韧性与发展韧性绩效。

确定绿色空间配置要素对城市韧性的作用模型。运用统计分析方法对各情景配置参数与评估绩效数据进行相关性、主成分分析，识别影响韧性效果的关键因素。

提出适应滨海湾区的不确定性扰动的绿色空间动态设计范式。通过回归分析等方法描述绿色空间资源配置要素与城市韧性之间的作用关系。

2.技术优势

项目构建兼顾响应急性灾害和缓解慢性压力的全周期城市绿色空间韧性绩效评估体系，探索为全面研究绿色空间对城市韧性的贡献提供可靠的方法、为景观持续性研究和NBS理论框架提供基础支撑。

建立城市绿色空间要素配置—韧性作用机制理论，提出适应性设计动态范式。项目探索构建绿色空间要素配置—韧性作用机制理论，提出应对不确定性扰动的绿色空间优化配置策略，创新适应性设计的动态范式。

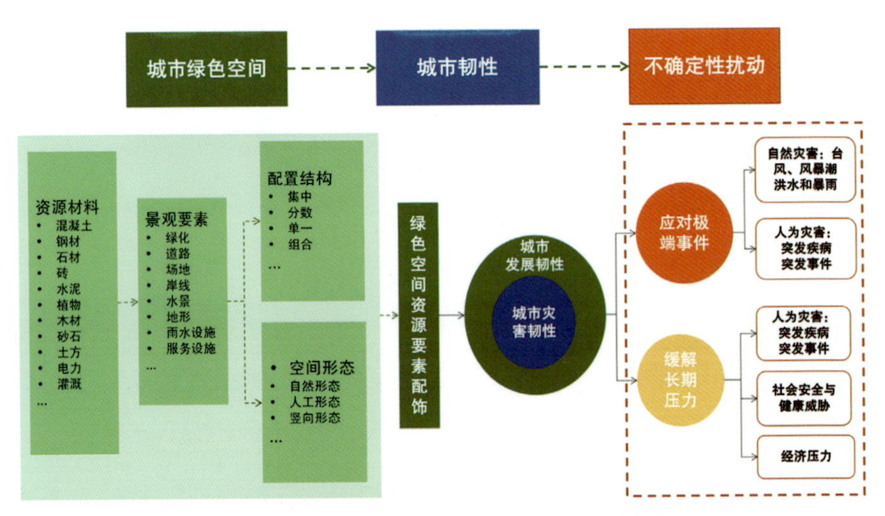

绿色空间资源要素配置—韧性作用机制概念框架

（八）轨道交通上盖物业生态屋顶雨水利用技术

1.技术要点

该项目设置的生态屋顶与传统绿色屋顶的区别是生态屋顶不用浇

水、不用施肥，基本不需要维护，其厚度大于简易型绿色屋顶，小于复杂型绿色屋顶。可以整体施工，也可以做成可移动模块化单元，便于施工。

生态屋顶构成和特点。减少暴雨径流、错峰、降低城市热岛效应等生态功能，质量轻、可以移动、不需要施肥和浇水。

组成成分及设计材料。移动式模块化生态屋顶分为三个模块装置：生物储留处置模块、移动承载装置和出流控制装置。

工作原理。通过设置生物储留处置模块，使得移动式模块化生态屋顶保持基本的增加绿植、截流和净化水体的功能，便捷调节位置，方便多个移动式模块化生态屋顶之间进行拼装组合；设置储流控制装置，有效调节生物储留处置模块中的蓄水量，用于维护管理和保障生物储留处置模块内空气流通。

移动式模块化生态屋顶示意图

2.技术优势

利用本技术体系，不但具有减少暴雨径流、错峰、降低城市热岛效应等生态功能，而且具备质量轻、可以移动、不需要施肥和浇水等特点。海绵介质土利用水厂底泥、河道底泥、工程渣土处理后余泥等制成，可去除雨水中的磷和氮，经本生态屋顶处理的雨水不但可以满足国家《地表水环境质量标准》GB 3838 Ⅱ类水要求，而且可以削减暴雨径流30%～50%，延缓峰值出现20～40分钟，降低峰值1/3～1/2。

可将污染的河水、污水处理厂尾水、雨水、河道底泥、工程渣土处理过程中废水进行自然净化，有效去除悬浮物、生化需氧量、氮、磷、重金属等污染物，处理后的干净水质量完全满足《地表水环境质量标准》GB 3838 Ⅳ类水或以上指标要求，然后排入收纳水体或进行利用，还可补充地下水、河流水、景观水等。

3. 应用案例：长圳车辆段海绵城市建设项目

实施单位：深圳地铁建设集团有限公司、深圳大学、深圳地铁物业管理发展有限公司、中建南方投资有限公司。

实施效益：移动式模块化生态屋顶集介质、植物、水文水利设计于一体，集蓄水、保水、错峰、污染物去除于一体，质量轻巧，可应用于屋顶，放置于任何水平面以及倾斜程度较低的平面，包括露天阳台、雨棚顶、庭院、花坛等，拼装拆卸方便，老旧房屋拆除后可以回收利用，安装于新建筑中进行二次利用，耐用耐久性好。

长圳车辆段海绵城市建设项目效果图

四、新型建筑工业化创新技术

（一）模块化建筑技术

1. 技术要点

混凝土标准模块是由剪力墙模壳、梁模壳、轻质隔墙、底板和叠合顶板等围成的六面体，该体系受力性能等同于现浇混凝土结构体系，可满足高层建筑的抗震要求。该产品的内装、管线安装在工厂完成，现场只需进行MiC节点连接/拼缝处理、管线拼装即可使用，可极大缩减工期。

钢结构标准模块由钢柱、钢梁、顶部钢板以及混凝土组合楼板组成，外围护结构采用轻钢龙骨墙体或波纹钢板。轻钢龙骨墙体安装便捷，且外装饰面可以灵活设计；波纹钢板可增强主体框架刚度，防止吊运过程产生较大变形。

2.技术优势

建筑工序最大限度在工厂内完成，解决目前建筑施工用地不足、建设工期长、施工噪声、污染大以及现场工序交叉不便管控等难题。

在提高工程质量、解放现场劳动力、提高资源利用率、减少建筑垃圾排放等方面具有显著的优势。

解决工程建设中设计与施工一体化问题，保证项目顺利推进。

3.应用案例(1)：深圳中学泥岗校区学生宿舍新增电梯项目

实施单位：深圳市建筑工务署、中建海龙科技有限公司。

案例概况：项目建筑面积17万m^2，校舍内容包含4栋宿舍楼、教学区和运动区等。本次加建电梯的建筑为4栋高层学生宿舍，每栋增设两台1.6T电梯。采用箱式整体钢结构集成模块，包括电梯井、电梯前室，共计108个模块。

实施效益：通过4个阶段、12个应用类、32个应用场景，共创建BIM模型232个，实现全过程、全专业BIM轻量化应用。基于DFMA的模块化设计，从设计源头入手，形成从设计、制造到施工的建造全链条技术最优组合。以1号宿舍加装电梯为例，总工期仅为66天，较传统钢结构建造方式总工期115天缩短49天。现场固体废弃物仅为5.15t（24.5t/万m^2），较传统建筑600t/万m^2下降96%。

4.应用案例(2)：深圳国际酒店项目

实施单位：深圳市建筑工务署、中建海龙科技有限公司。

案例概况：国际酒店标段二（坝光地块）位于大鹏新区排牙山路两侧，占地面积8.1万m^2，总建筑面积25.65万m^2。建设内容包括6栋7层酒店、1栋7层宿舍、4栋18层酒店、1栋18层宿舍以及医废处置站、污水处理站等独立配套用房。酒店建成后可满足隔离人数约4400人

深圳中学一号宿舍加建前后效果图

（含服务人员600人）。

实施效益：实施工期短。项目中的7层酒店采用多层钢结构模块技术，针对常规的模块化叠箱结构，进行了完善箱体集成构造延长叠箱的使用年限、采取加强措施拓展叠箱高度拓展到8层（7度区）、叠箱立面造型多样化解决方案、降低整体造价等系统研究，使项目顺利落地。4栋18层钢结构酒店采用CBS2.0钢结构技术体系，并大量应用了标准化户型布置与标准化构件技术，在120天内完工并投入使用。

该项目以模块集成建筑技术MiC为核心，运用了多项工业化、智能化手段以及新材料、新工艺。MiC项目与传统建造方式相比，建造阶段减少碳排放67%，运营阶段减少碳排放26%，拆除阶段还可实现箱体钢框架的重复利用，可减少约17655t碳排放，占MiC箱体碳排放的70%以上。

深圳国际酒店

5.应用案例（3）：龙华樟坑径地块项目

实施单位：深圳市人才安居集团有限公司、中建海龙科技有限公司。

案例概况：龙华樟坑径地块项目是国内首个高度近百米采用模块化建造的保障性住房项目，项目位于深圳市龙华区樟坑径地块，总用地面积为3.5万m^2，由6028个混凝土模块单元组成。

实施效益：节约工期，减少项目时间成本，相比传统建造方式，项目建造节省1年到2年工期。通过模块化建筑技术体系，龙华樟坑径地块项目预计单位面积建筑废弃物产生量不高于150t/万m^2，比传统建造模式减少75%以上；材料损耗比传统建造模式预计减少约25%；碳排放强度比基准建筑减排率预计25%以上；污水排放100%达标；能耗比国家标准预计减少30%以上。

龙华樟坑径地块项目效果图

（二）“工业上楼”装配式建筑结构体系

1.技术要点

采用装配式钢和混凝土组合结构形式，充分利用钢材受拉、混凝土受压特性。

采用主结构+次结构结构体系，由大型构件（巨型梁、巨型柱和巨型支撑）组成的主结构与常规结构构件组成的次结构共同工作。

提出三首层概念，最大化利用货运效率最高的首层空间，提高地面货运可达性，增加货运效率。

2.技术优势

总体规划。覆盖率较小，绿地率较大，功能综合性强。

建筑单体。建筑高度较大，层高较高，容积率高。

平面荷载大，可以自由组合和灵活变动。

结构自重轻，整体抗震性与稳定性高，环保，施工速度快。

3.应用案例：坪山创新型装配式产业厂房

实施单位：深圳市坪山区产业投资服务有限公司、中建科技集团有限公司。

案例概况：项目位于坪山区金辉路与秋田路交汇处，总用地面积41882.55m^2，总建筑面积256098.97m^2，建筑覆盖率44%，建筑容积率≤5.5，绿化覆盖率≥32.31%，机动车泊位数1750个。

实施效益：项目运用装配式建造技术，比传统现浇结构成本略有增加，但装配式结构绿色环保，科学选用可再循环的建筑材料，可以减少生产加工新材料带来的资源、能源消耗及环境污染，具有良好的社会和环境效益。项目比传统的现浇建筑用工量明显减少30%～50%，在用工量上有明显优势，装配式建筑在施工现场的钢筋绑扎、模板支设等方面用工量明显降低，现场大量的预制构件均采用干法施工，大大减少了现场湿作业。项目对加快建设深圳国家高新区坪山园区，聚焦优势产业和新兴产业，提高科技创新供给质量具有重大意义。

坪山创新型装配式产业厂房效果图

（三）钢结构智能制造技术

1. 技术要点

研发钢结构制造全工序新型加工设备、集成工作站及首条智能制造生产线。

研发钢结构集成下料、卧式组焊矫、机器人焊接等新工艺及物流仓储新方法。

开发钢结构生产线信息集成技术、制造执行系统及大数据分析平台。

2. 技术优势

自主研制全工序加工智能化设备，自动化程度高，为国内外首创。解决了传统设备作业效率低、质量稳定性差等问题，实现钢结构制造全工序加工自动化。

智能化“无人”下料工艺，可使人工减少60%，下料效率提升20%；创新组焊矫一体化工艺，可使人工操作减少90%，效率提升30%；中厚板全熔透免清根焊接工艺，可实现批量化高效焊接，编程耗时降低90%。

基于精益化管理的制造执行系统，可实现钢结构制造从工位、生产线至工厂全过程管控数字化；率先构建面向钢结构制造的工业互联网大数据分析平台，形成基于状态感知、实时分析、科学决策和精准执行的信息物理系统闭环，可实现数据驱动下制造资源的高效精准配置，提升制造决策效率。

3. 应用案例：建筑钢结构智能制造生产线项目

实施单位：中建钢构广东有限公司。

案例概况：生产线位于广东省惠州市，建设用地面积244283m^2，总建筑面积135755.03m^2。生产线创新设计了U形布局，引入6轴机器人等智能装备，通过在自动寻边、自动加工等关键方面的技术突破，自动完成构件的切割、焊接等核心工序。建立由程控行车、AGV、RGV等先进设备构成的车间智能物流系统，实现构件在多个工序之间的高效衔接。建立由程控行车、AGV、RGV等先进设备构成的车间智能物流系统，实现构件在多个工序之间的高效衔接。

实施效益：生产效率提高，项目在全流程加工工序上的工时比传统生产模式均有缩短，且所需人员人次大幅降低，工序效率提升22.03%，人均效率提升23.56%。单位产值能耗降低，项目对生产设备进行能耗监控，并研发多种技术手段开源节流。相比传统生产模式，项目产值能耗降低10.40%。产品研制周期缩短，项目根据三维模型信息进行大数据积累、分析与节点设计，并根据设计结果定制智能制造生产线。相比传统生产模式，产品研发设计周期缩短31.08%。

建筑钢结构智能制造生产线项目

智慧监管平台

（四）装配式车站技术

1.技术要点

首次提出内支撑体系下装配式地铁车站的结构设计和包括外围主体结构及内部支撑结构的全断面装配方案，车站中板、中纵梁、中立柱均采用预制装配。

国内首次创新应用内支撑基坑支护体系下装配式车站构件拼装工艺，研发了装配式地铁车站工装设备、智能张拉设备、整体分离式拼装台车等装备。

引入“一体化设计”的设计理念，将机电设计、室内装修、照明灯具、导向标识等站后工程结合装配式地铁车站系统进行一体化同步设计。

基于5G、BIM技术，研发装配式地铁车站智造管理系统，实现构件厂管理智能化、数字化。

针对地铁车站环向和纵向不同受力特点，研发与装配式结构方案相适应的新型连接接头。

2.技术优势

装配式地铁车站全断面装配方案，可提高装配化程度。

国内首次创新应用内支撑基坑支护体系下装配式车站构件拼装工艺，研发装配式地铁车站工装设备、智能张拉设备、整体分离式拼装台车等装备。

站后工程一体化同步设计，有利于标准化设计，提高设计质效。

提高预制构件的流水生产质量管理，提高装配式车站预制构件工厂智能化生产能力。

新型接头构件具有传力可靠、刚度大、便于施工、容差性好、经济性好等性能，可实现施工现场干作业。

3.应用案例：深圳地铁四期调整工程装配式车站项目（沙浦站）

实施单位：深圳地铁建设集团有限公司。

案例概况：采用双小车“90t+90t”高精度智能龙门吊，该龙门吊可以实现毫米级精准定位，并具有拼装位置自动校准、防摇摆等功能，成功解决了内支撑体系下安全吊装和拼装精度的问题。采用“乐高积木”的方式进行拼装，构件厂通过引进三维扫描技术，对定型钢模及成型构件进行三维扫描，最大限度保证预制构件精度。运用了国内最大140t级别的自动翻转台车，通过拟合预制构件存放姿态及翻转角度，实现装配式车站底板A块的智能翻转。预制构件生产、运输采用信息化监控，引进了智慧建造平台，基于MES系统和ERP系统对智能化生产全生命周期进行质量追溯管控，实时掌握智慧工厂各工序数据。

实施效益：装配拼装机械化程度高，现场安全文明施工效果好；整体拼装精度高、效果好。打造了集工装研发、构件预制、运输、拼装为一体的全覆盖产业链，与传统现浇车站结构相比，具有减少湿作业、节约材料、无噪声、振动影响小、不扰民等优点。内支撑体系装配式车站为全国首创，更适合复杂环境下的城市轨道交通建设。产业基地能满足基于云计算和大数据技术支持的多维度/多层级AI分析、智慧监控、智能仓储和信息化生产需求，大型预制构件的长度误差将控制在1mm内，每个模具组装完成后都将使用三维实体扫描，扫描精度可控制在0.02mm。造价增幅较小，增幅在12.9%～17.8%。智能平台

深圳地铁四期调整工程装配式车站项目（沙浦站）现场施工图（一）

直接对接无人地磅入库物料、搅拌站原料消耗、钢筋加工车间上料数据，实现入出库物料自动采集、自动增扣库存、自动库存预警、自动计算工程实际用料成本，有效解决材料浪费的问题。

深圳地铁四期调整工程装配式车站项目（沙浦站）现场施工图（二）

（五）大型综合体育馆开合屋盖建造技术

1. 技术要点

开合屋盖开合方式的研究。通过对比不同屋盖开合方式的应用性、经济性、施工难度、美观度、适用范围等，总结各开合屋盖的开合方式在使用中的优缺点。

开合屋盖结构动力特性与设计方法的研究。建立整体钢结构的有限元模型，以结构变形控制为目标，分析屋面结构的内力变形，改进结构布置，构建满足使用要求的钢结构屋面。

开合屋盖驱动及控制系统的研究。结合不同的屋盖结构屋盖开合方式，设计减少材料用量、降低开合用电量的优化方案，控制屋盖驱动及控制系统在施工中的精度要求，使用过程中保证系统的安全性及稳定性。

开合屋盖安装施工关键技术的研究。通过应用计算机模拟技术实现结构施工全过程模拟，考虑分阶段施工过程影响，研究开合屋盖结构的施工技术，通过构建施工过程实时跟踪分析系统，借助测试分析系统、误差分析与反馈系统，实现施工全过程信息化、智能化施工与控制。

2.技术优势

实现体育建筑室内外快速转换的优势，在使用效率、空间氛围、全天候保障等方面具有多重优势。

提高屋盖开合系统的稳定性，减少故障率。

改善构件截面与节点构造，完善屋面结构整体与细部构造。

降低屋盖的运营维护费用，实现场馆运营全生命周期的智慧化管理。

3.应用案例：深圳市体育中心改造提升工程（一期）项目

实施单位：深圳市体育中心运营管理有限公司、中国建筑第八工程局有限公司。

案例概况：项目位于深圳市福田区笋岗西路3001号。本工程地下2层（地下建筑面积约16.5万m^2），地上6层（地上建筑面积约10万m^2），新建体育馆为钢筋混凝土框架—剪力墙结构，采用装配式预制看台，屋盖为空间桁架结构钢屋盖，副馆部分为钢筋混凝土框架结构。综合体育馆设计座席约15000座，体育馆副馆设计座席2535座，建筑高度43.5m，总建筑面积约26.5万m^2。

深圳市体育中心改造提升工程（一期）项目效果图

实施效益：技术成果不仅实现体育建筑室内外快速转换的优势，而且在使用效率、空间氛围、全天候保障等方面具有多重优势，是体育馆满足气候适应性、实现可持续发展的有效手段。项目将充分整合本地体育资源和展销、文娱活动，为体育馆日常经营注入活力；同时，在设计施工过程中解决好技术、造价以及成本维护等方面的问题，满足全天候使用条件的可开合屋盖体育馆在大湾区具有非常强大的生命力。

（六）装配式钢结构轻板建筑成套技术体系

1.技术要点

装配式钢结构轻板建筑成套技术体系由全钢结构主体+预制的钢筋桁架楼承板+轻质墙体三部分组成。

主体结构：竖向结构由型钢柱或钢管混凝土组合柱组成，钢梁采用热轧型钢为主，焊接型钢为辅，梁柱连接采用全螺栓或螺栓+焊接的栓焊连接方案。梁、柱、楼梯等全部由工厂制作成成品构件部件，现场安装。

楼板：预制的钢筋桁架楼承板+现浇混凝土的组合楼板，钢筋桁架楼承板根据设计尺寸全部由工厂制作成定尺构件，现场直接安装。

轻质墙体：选用轻质加气混凝土墙板，轻质墙板根据设计尺寸全部由工厂制作成定尺构件，现场直接安装。

2.技术优势

标准化设计。柱距、窗体尺寸等均采用600mm为模数的标准化设计，有利于墙板的排版，避免现场的二次加工。

工厂化制作。本体系的梁、柱、梯、楼承板、墙板等全部由工厂制作成成品部件。

装配化施工。主体结构所用的梁、柱、梯、楼板各成品部件的单项装配率为100%；围护墙和内隔墙采用保温、隔热、装饰一体化的大型预制轻板材料，在工厂按设计制作成成品部件，现场非砌筑方式安装；按现行的《装配式建筑评价标准》GB/T 51129—2017，该体系的建筑装配率为90%以上。

3. 应用案例：库马克大厦

实施单位：深圳金鑫绿建股份有限公司、中国建筑第七工程局有限公司。

案例概况：项目总用地面积为7654m^2，容积率为3.52，总建筑面积38697m^2，地上总建筑面积27822.2m^2，建筑高度76.5m。大楼采用全装配式钢结构体系。楼板、外墙板采用装配式ALC预制轻板体系，保温绿色防火。本工程地下2层，地上17层，地下10875m^2，地上27882m^2。裙楼3层为商务、商业配套空间；塔楼5～17层是标准层，每层1500m^2，为高端办公空间；塔楼4层是架空层，为公众休闲活动空间，塔楼屋顶为空中花园。

实施效益：主体钢结构、楼板及外围护安装均采用无脚手架施工工艺，与传统的钢筋混凝土建筑相比，此种建筑体系可节约混凝土材料30%以上，节约脚手架90%以上，节约模板100%。内外墙板均采用干作业施工工艺，安装完成后不需二次抹灰，可节约大量水资源。由于作业人员及施工周转材料的减少，可节约大量的施工临建及材料堆放场地，有效减少了施工用地。装配化施工也极大地减少了施工过程中的建筑垃圾、噪声和施工粉尘，有利于施工环境保护。现场作业人员少，主要为主体结构的安装工、焊工、楼板安装工，降低了人工的管理成本及使用成本，也避免了多工种交叉作业，降低了施工作业的安全风险。

库马克大厦效果图

（七）预应力倒双T板高效制作技术

1.技术要点

采用长线法流水作业工艺，有利于预应力张拉、钢筋布置、松张、混凝土浇筑、帆布覆盖、养护、吊装、规格灵活搭配等生产工艺，提高生产效率。

研发适应不同配筋、不同张拉力、不同截面尺寸叠合板的张拉和放张装置，灵活调整张拉和放张端，提高生产线的灵活性和适用范围，增强生产线对产品设计的适应性。

混凝土运输采用进口鱼雷罐运输车，可实现全自动无人值守连续输送混凝土到作业面；混凝土采用摊铺机和人工相结合的方式进行下料，底板采用平板振捣器振捣，肋采用振捣棒振捣。

2.技术优势

拆装方便。侧边模相对固定，采用活页拆装，比传统的单模台生产效率高，成本低；端头板采用整体式设计，拆装十分方便。

预应力筋张拉质量高。采用200kN张拉机，配置4个千斤顶及千斤顶升降装置等，张拉数据到达设定值后能自停，有效保证了张拉的质量。

高效出货、堆放、运输。采用快速出货平车、高效运输架、高效吊架等配套设施，加快成品周转速度，提高生产效率，实现叠合板从出池到现场安装的高效运作。

3.应用案例：实验学校南校区二期

实施单位：深圳市坪山区建筑工务局、中建科技集团有限公司。

案例概况：实验学校南校区二期，建筑用地面积33187.41m^2；建筑面积101497.6m^2。包括一层地下室，01栋14层宿舍楼，02、03栋6层教学楼及3层裙房。主要建设内容为小学教学及配套用房，学校办学性质为完全小学，2个36班小学，并包括宿舍及教学配套用房、车库及设备用房。

实施效益：项目采用了预应力筋平均含钢量3.12kg/m^2，非预应力筋叠合板平均含钢量5.46kg/m^2，桁架筋叠合板平均含钢量9.63kg/m^2，研究预应力叠合板，可以大大节省钢材用量，减少二氧化碳的排放，保护了环境，社会效益显著。项目采用一次张拉，可以生产出多块预应力叠合板，操作简单快捷，减少劳动力，提高生产效益，降低生产成本。可以省去或减少脚手架的用量，降低了工地运输脚手架的次数和施工量，减少了汽车尾气排放量，并降低了施工成本。

实验学校南校区二期效果图

（八）工业化建筑隔震、减震结构施工技术

1.技术要点

工业化建筑隔震、减震结构施工关键技术体现了隔震、减震施工技术与工业化建筑施工技术的高度融合，系统性集成了工业化建筑隔震、减震施工技术与设计、生产全产业链等方面，主要涵盖以下关键技术：

大型公共建筑隔震关键技术。采用独有的层间隔震技术，通过设置粘滞阻尼器来限制隔震层在大震下的位移，采用螺栓+焊接的连接方式；采用Midas有限元分析，研究隔震层楼板浇筑时对隔震支座位移的影响。

钢框架结构超大位移摩擦摆及其隔震结构关键技术。隔震层采用摩擦滑移摆支座，摩擦滑移摆隔震支座通过预埋板用高强螺栓等连接件与上下支墩相连。

装配式钢混组合主次结构减震关键技术。主结构为框架—中心支撑结构体系，次结构为钢框架结构，减震构件采用标准化设计，与主体结构采用全螺栓连接，利用塔吊进行吊装。

全干式铰接连接预制混凝土框架结构体系减震关键技术。采用在大型框架支撑体结构楼梯间内增加高效耗能支撑等耗能构件，形成“屈曲约束支撑+铰接框架”的抗侧力体系。

2.技术优势

采用螺栓+焊接的连接方式，严格控制安装精度，确保结构具有足够的安全性和经济性。

隔震支座下法兰通过螺栓及连接件与下支墩锚固，上法兰通过螺栓及连接件与上支墩锚固，解决隔震层施工现场运输通道连续性差、支座锚筋下埋和下支墩顶面平整度难处理等问题。

隔震层采用摩擦滑移摆支座，降低地震对上部结构的作用，摩擦滑移摆支座可标准化设计和生产，降低上部结构遭受地震的破坏。

减震构件采用标准化设计，增加加工和安装的便捷性；减震构件与主体结构采用全螺栓连接，提高了安装精度和安装速度，减少了现场焊接工作，绿色节能环保。

框架结构体系节点由刚接变成铰接，解决传统的装配式整体式框架梁柱现浇节点区钢筋密集、生产及施工难度大等问题，大型框架构件生产及结构施工变得简单易行。

3.应用案例：长圳公共住房6号楼

实施单位：深圳市人才安居集团有限公司、中建科技集团有限公司。

案例概况：深圳市长圳公共住房及其附属工程6号楼位于深圳市光明区，结构高度为94.9m，建筑面积为1.64万m^2。结构体系为装配式钢混组合主次结构体系，主结构为框架—中心支撑结构体系，次结构为钢框架结构，采用了多种预制PC构件，以及屈曲约束支撑和防屈曲钢板剪力墙两类减震产品。

实施效益：体现工业化建筑隔震、减震施工技术与设计、生产的系统性融合。减震构件采用标准化设计，构件参数和截面尺寸尽量统一，增加加工和安装的便捷性；减震构件与主体结构采用全螺栓连接，提高了安装精度和安装速度；减震构件利用塔吊进行吊装，施工便捷；减震构件采用螺栓连接，节省了安装螺栓，减少了现场焊接工作，绿色节能环保。

长圳公共住房6号楼效果图

五、智能建造创新技术

（一）基于人工智能的云端智能BIM建筑设计

1.技术要点

国产自研ABC底层语言。自主原创建筑数字化新底层模式ABC（AI-driven BIM on Cloud，云端智能建筑信息模型），将算法模型、建筑信息数据与各类规范（国家、行业标准）进行整合，首度实现“数、模、规”一体联动。

人工智能、大数据等技术应用。基于深度学习、强化学习和大数据等技术，包括各类CNN、GAN以及深度学习、强化学习、机器学习算法模型的组合等，通过智能算法设计引擎，可以实现识别评估、重构塑形、设计生成等能力。

装配式建筑正向BIM设计。云端智能装配式设计平台，实现BIM正向设计，并有效集成设计过程中的复杂流程，将其简化为六道工序：

调—数据文件调用分析，做—智能生成设计方案，改—BIM模型自动深化，核—自动精准算量生成报价，协—多专业设计联动，出—BIM模型导出与现有工作流衔接。

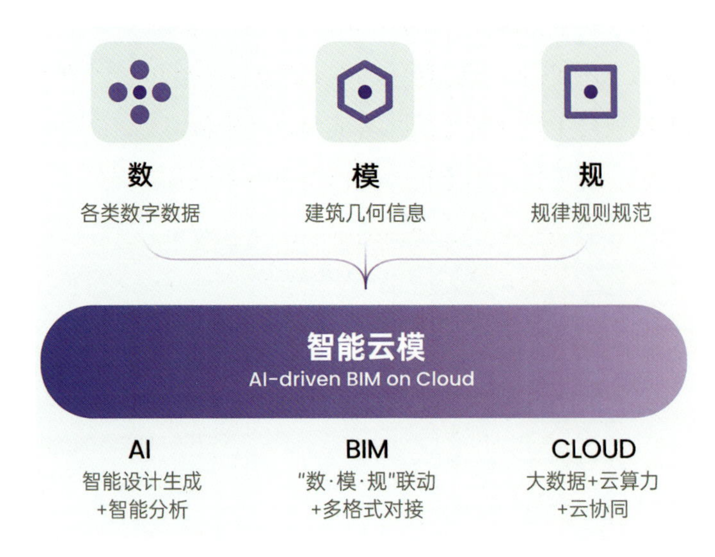

小库科技ABC（AI-driven BIM on Cloud）智能云模

2.技术优势

多方案生成。只需输入项目特定参数，通过算法之间的排列组合，短时间内生成大量既符合设计师需求，又符合建筑规范的设计成果。

多专业同步深化。基于建筑、室内、结构、水暖电等多专业协同的要求，实现多专业实时联动深化。

设计过程实时算量。依托LOD400深度的小库BIM模型，实时统计构件清单及算量报价，赋予项目团队同步设计与算量的能力。

一体化管理。平台的模型数据直接对接至构件生产的机器设备，从方案设计到后期构件生产、下料及施工管理，可以达到一体化管理。

3.应用案例：惠州零碳示范园区项目

实施单位：中建科工集团有限公司、深圳小库科技有限公司。

案例概况：惠州零碳示范园区项目的理念是零碳、智慧、多元，计划首先建设一期工程，包括X-HOUSE负碳住宅、光储充一体化充电站、模块化酒店、公寓、海洋宜居模块5个场景的绿色产品。每个产品的全生命周期碳排放，包含建材、运输、建造、运维。

实施效益：提供多种箱型装配式建筑规划方案的比选设计，方案论证效率提升40%。通过装配式自动设计平台中箱体设计功能，快速生成符合建造深度和生产深度的LOD350的BIM模型，辅助设计师快速完成箱体内部包括结构设计、内部装修设计、水电暖通管线设计等流程，整体流程提效50%以上。通过装配式自动设计平台中自动算量报价功能，快速统计项目中箱体部分的物料清单以及报价清单，帮助设计师在设计初期大致了解项目成本造价，提速物料下单流程。

小库科技＆中建科工建筑智能化设计平台

（二）基于人工智能的审图技术

1.技术要点

工程图纸人工智能审查技术依托人工智能和大数据等AI技术，实现“一键上传图纸，AI智能审图”，改变了行业审图模式，提升行业审图效率。

基于计算机视觉算法，而非基于传统软件开发方法，突破了对制图标准的依赖，实现真正的AI智能审图。

经过海量图纸数据训练，目前机器审出问题数量是人工的7.6倍，大量减少问题漏审。机器审出问题的准确率为90%，显著提升设计图纸质量。

不改变设计绘图习惯，工程图纸人工智能审查技术可以很好地克服图纸制图标准难以统一的问题。

高度的自动化更有助于减少人工操作、解放人们的精力，把时间花在更有价值的事情上。

高性能的云架构大幅提升审图效率，对电脑配置没有要求，用户也不需要安装任何软件，登录系统即可直接使用。

2.技术优势

填补了国内建筑设计全专业SaaS云端智能审图工具的空白。

促进了我国人工智能审图技术水平的提高和智慧建筑行业的技术进步。

3.应用案例：万翼AI智能审图系统

实施单位：万翼科技有限公司。

案例概况：目前，该技术成果已经应用于超90家签约企业，类型涵盖政府部门、地产公司、设计院及审图公司等。累计审查53.3万张图纸，发现各类问题36万处，取得了显著的经济效益和社会效益。

实施效益：政府应用情况：AI审图成功接入深圳市勘察设计管理系统。2021年，该项目入选住房和城乡建设部《智能建造与新型建筑工业化协同发展可复制经验做法清单》。地产应用情况：该项目技术成果可帮助地产企业有效减少无效成本、货值漏损和客户投诉。AI支持的底

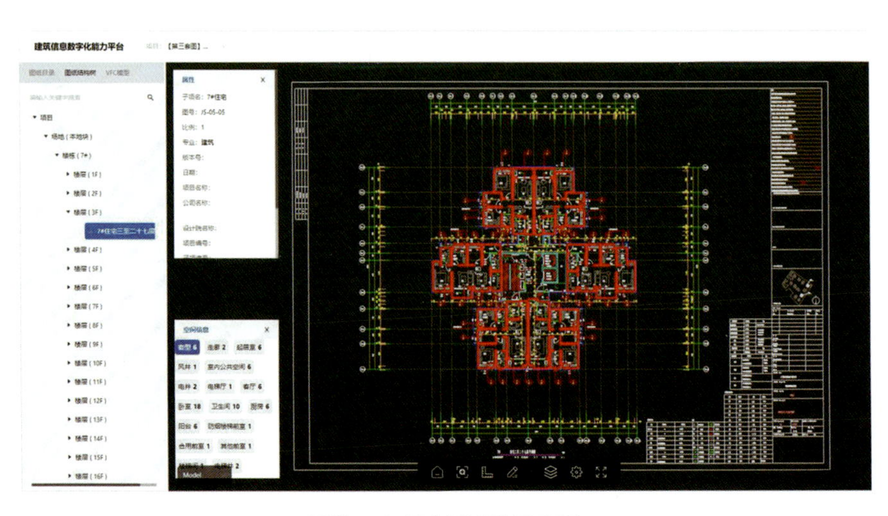

万翼AI智能审图系统示意图

线问题减少78%，相关投诉大幅下降。AI审图有利于图纸的有效管理与使用，同时助力设计供应商评估工作，改变了以往只能依靠项目负责人主观喜好来评价设计院的状况，让设计资源管理变得更加量化和客观。设计院应用情况：全国累计48家设计院应用AI审图，审查图纸共计超16.3万张，AI发现设计问题总数为23.3万处。在设计过程应用AI审图，设计师可以及时发现问题并修改，减少后期审图时间和精力，提升项目设计质量。利用AI审图可以提前规避风险，缩短项目交付周期。

（三）国产自主BIM数字化平台

1.技术要点

国内首个基于Web的BIM参数化快速建模软件，解决了国内BIM技术应用的“卡脖子”关键技术问题。

采用了国际领先的Web端建模技术，开箱即用，极大降低了BIM技术应用的门槛。

基于自主知识产权，通过研究云端存储和应用的平台数据安全管理技术，可为用户提供BIM基础数据高效安全机制，保证数据的安全性和机密性要求。

自主可控的多用户、多专业协同自定义参数化创建与轻量化发布技术。

实现工程构件至构筑模型的可视化查看、轻量化便捷创建、展示和

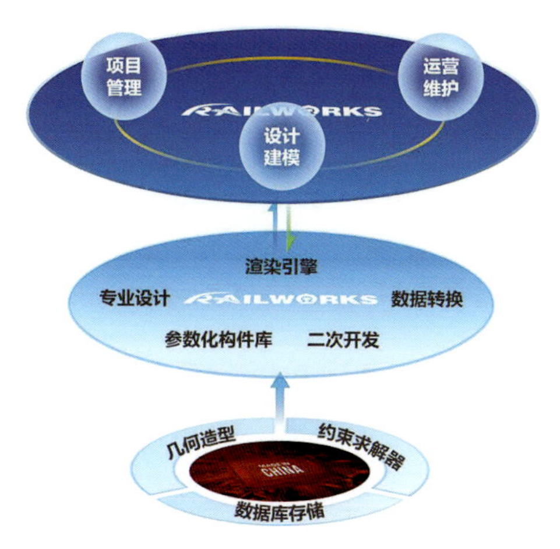

数字化平台

- 基于模型的数据驱动
- 实时主动同步
- 应用服务模块化
- 开放式平台

三维建模

- 跨平台、云架构
- 参数化快速建模
- 多终端、多专业协同
- 完整支持现行BIM标准

底层核心

- 自主可控
- 数据安全

新一代国产自主BIM数字化平台Railworks框架示意图

管理以及轻量化输出，解决BIM模型创建效率低、流转应用难等实际问题。

是首个支持深圳轨道交通地方BIM标准体系的BIM基础数据创建平台。

2.技术优势

填补了国产BIM建模软件的空白。更符合国内BIM技术应用项目实际需求，提高了线性工程BIM模型的创建效率，解决BIM关键技术“卡脖子”问题。

基于云端的BIM数据创建和存储信息保障了信息安全。在保障信息安全的前提下，真正做到通过BIM技术对工程项目进度、质量安全、费用的精细化管控，推动工程建设和运营信息化、智能化发展。

3.应用案例：深圳市城市轨道交通3号线四期工程

实施单位：深圳地铁建设集团有限公司、铁科院（深圳）研究设计院有限公司、北京经纬信息技术有限公司。

案例概况：深圳市城市轨道交通3号线四期工程梨园—新生站—坪西站（不含）全长约3.3km，共两站两区间。其中，梨园站为高架站，梨园站—新生站区间包含高架段、路基过渡段和地下段，新生站为地下站，新生站—坪西站区间为盾构隧道。

实施效益：解决了BIM应用过程中的关键技术“卡脖子”问题，推动工程进度、质量、成本等方面的精细化管控。通过Railworks快速建

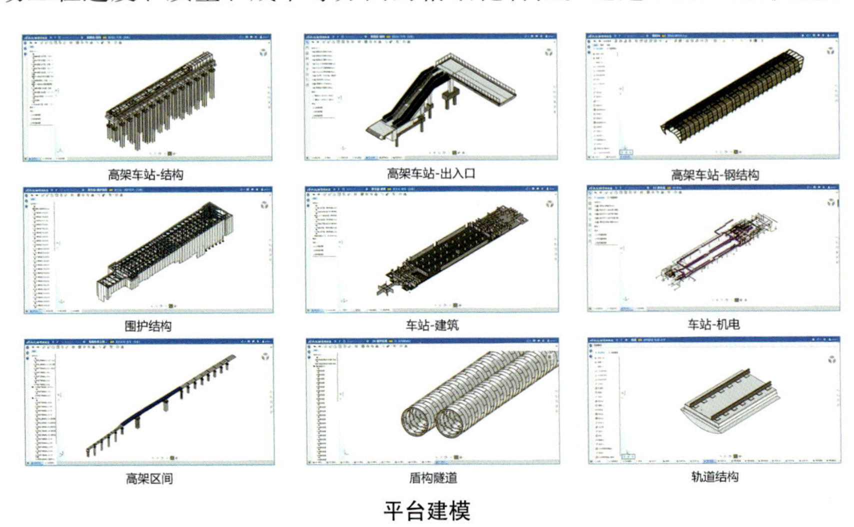

平台建模

模功能，桥梁、隧道、路基等BIM模型创建效率提升了60%，建模成本降低了80%，应用质量和效率显著提高，创造了可观的经济效益。基于Railworks平台的三维虚拟可视化工程场景搭建能力，通过应用协同工作、施工日志、电子沙盘、技术交底、工序报验和安全监测等模块，优化了项目标准化、无纸化和高效化管理环节。

（四）无人机应用技术

1.技术要点

利用无线电遥控设备和自备的程序控制装置操纵的不载人飞行器，在建筑行业开展遥感测绘、幕墙巡检、施工现场巡查、城市管理等工作。

高效采集数据。测量精度可根据飞行距离不同达到毫米级，甚至亚毫米级。

自动化程度高。自动识别安全隐患，实时传输监测数据；大幅提升工作效率并降低成本。

提供DOM、DSM、实景三维模型等测绘成果，满足多种需求。

2.技术优势

解决BIM设计图、道路矢量图、卫星影像图无法进行精准匹配的问题。

解决传统测绘方式获得二维图无法展示三维环境信息的问题。

解决BIM设计图与实景模型差异大、规划效果难以直观展示的问题。

3.应用案例：深圳市大鹏新区人民医院

实施单位：深圳市建筑工务署、深圳大疆创新科技有限公司。

案例概况：该项目位于大鹏新区葵涌街道葵新社区，总建筑面积41.7万m^2，建筑高度80.25m，地上最高层数16层，地下2层。测区规划建筑为1栋裙楼加2栋塔楼、床位2000张，内设住院楼、康复中心、门诊医技楼、行政楼、宿舍楼、报告厅、科研楼以及地下室等。

实施效益：土方工程测量：相对于人工测量，标高点提取数量多7倍，方量准确度提高15%，投标阶段可有效提高施工成本预估准确性，基坑施工阶段以此方量结果结算，相对于人工测量结算，平均节约10%的成本。形象进度管理：节约建设单位、监理单位、施工单位20%的人员投入。通过节点安全文明现场检查，可提前发现、排查多处施工隐患，缩短工期，有效减少施工成本。

大鹏医院三维模型

无人机倾斜摄影技术平台工具箱

（五）全屋智能技术

1.技术要点

以全屋智能主机作为中央控制系统，搭载华为Harmony OS，打造集学习、计算、决策于一体的“家庭大脑”。

智能中控屏+智慧生活App，集中管理，自然交互。收纳式卡片全屋管理，设备、系统、场景分类控制，空间信息一目了然，操控得心应手；支持一键触发多条件预判的AI场景；全界面语音操控，可视可说。

全屋PLC控制总线，实现全屋海量设备的稳定可靠连接。全新升级的PLC芯片，在大幅减少能耗的同时，依然保持卓越性能。

全屋WiFi 6+网络，实现高速率、无死角的宽带网络。通过PoE供电，子路由即插即用，简洁美观。

通过强大开放的鸿蒙生态，联合1000+品牌，为消费者提供3000+款智能硬件，满足消费者日益提升的生活需求。

将能源数字化，通过稳定可靠的PLC电力控制，进行精细化的能源管理，如空调能耗管理、动态零冷水节能、智能调光等。

丰富的全屋智能智慧场景，增强用户生活情景体验感。

2.技术优势

基于鸿蒙智联OS智能终端产品快速丰富、软件持续的更新升级，可为消费者提供更智能更舒适的数字家庭生活体验，常用常新。

绿色低碳环保，全面支持国家双碳政策。

解决智能家居用户的数据安全隐私泄露问题。

提高智能家居使用体验，解决传统智能家居无线连接存在的故障率高、延迟明显等问题。

3.应用案例：深港国际中心二期

实施单位：世贸集团、华为技术有限公司。

案例概况：深港国际中心二期项目位于深圳龙岗中心城，占地32万m^2，总建筑面积136万m^2。项目总投资500亿元，融合了商业、酒店、学校、公寓、公共服务中心等综合性功能。世贸集团与华为携手，共同打造全屋智能高端体验标杆，并落地以Harmony智慧场景为中心的主题家居设计。

实施效益：全屋智能智慧体验成为深港国际中心项目的关键特色，树立了面向未来的智能化商业综合体建设标杆。

全屋智能

（六）超高层建筑风振舒适度监测与预警技术

1. 技术要点

融合“北斗”精准时间授时和5G工业互联网技术，自主研发分布式同步采集系统。

基于高层结构动态特性，基于动倾角实时获取结构动态位移。

实现高层结构加速度与位移在线监测。

实现城市建筑群风振舒适度与安全性评价与预警。

2. 技术优势

解决分布式同步采集系统中的时间精准同步问题，基于5G技术的海量数据传输问题。

实现高层建筑中房屋舒适度机理解读。

高层建筑极端环境下实时位移监测与评估问题。

解决高层建筑结构监测数据采集布线被楼层隔断难题。

解决传统分布式采集数据的不同步问题，以及海量数据传输问题。

解决高层建筑位移实时监测难题。

3. 应用案例：深圳京基100大厦

实施单位：深圳市京基房地产股份有限公司、哈尔滨工业大学

（深圳）。

案例概况：京基100大厦地处广东省深圳市罗湖区，总建筑面积约22万m^2，总高度441.8m；实时获取京基100加速度、倾角等响应，识别结构频率、阻尼、振型以及位移，对其进行安全和舒适度评估。

实施效益：提升京基100大厦的运维水平，保证结构安全运行，为保障城市安全与人民群众生命财产安全提供重要支撑。

（七）新型可变自适应微凸支点智能控制顶升模架系统

1.技术要点

采用新型可变自适应微凸支点智能控制顶升模架，利用墙体表面素混凝土微凸构造承载的承力件，并设置对拉螺杆，模架支点可承受剪力、拉力及弯矩，实现凸点顶模体系高承载力。

模架角部开合机构、伸缩机构、模架竖向高度调节装置，满足劲性构件整体吊装及加强层复杂节点构件吊装的需求，施工适用性强。

模架智能综合监测系统，实时监控模架应力、水平度、垂直度、风压、风速等，保证模架体系满足施工精度及安全要求。

2.技术优势

集成高承载力、高适应性和高智能性等新型模架技术优点，可大幅提升和保障超高层建筑施工的进度、质量和安全。

为超高层建筑核心筒竖向结构的施工提供充足的封闭操作空间，具有高承载力和抗侧刚度，可承受高空较大的风荷载。

具有良好的适用性，满足复杂多变的核心筒竖向结构施工需要。

智能监控系统实时监控和自动提示报警，进一步调整模架的运行和使用。

3.应用案例：深圳城脉中心项目总承包工程

实施单位：深圳市城脉控股有限公司、中建三局集团有限公司。

案例概况：项目位于深圳罗湖区，建筑高度388m，总造价约20亿元，地上70层、地下7层，占地面积9200m^2，总建筑面积18万m^2。

实施效益：应用新型可变自适应微凸支点智能控制顶升模架技术，在超高层建筑结构施工中，可加快施工进度，大大缩短工期，经济效益显著。项目应用该技术改进传统低位顶模施工工艺的不足，开创了顶升模架的支点新形式，增强了顶升模架技术的适用性。避免了墙体的留洞和后期的封堵及墙体留洞位置偏差导致的临时整改和工期损失。缩短了主体结构的施工工期，有效避免了工期拖延导致的风险，同时节约了大型设备的租赁费用及管理费用，采用该技术施工速度平均，每层可节约一天工期。

（八）基于机器学习的CAD图纸识别及审查云端平台

1.技术要点

基于人工智能的机器学习，研发智能审图平台，实现对CAD建筑施工图纸（以住宅类项目为主）的解析与建筑语义的识别分类，并利用几何算法实现对住宅设计规范的自动化图纸审查。

2.技术优势

基于矢量几何特征或图像处理结合人工智能技术的CAD图纸识别。

基于建筑语义信息数据，通过领域模型或知识图谱，实现对设计成果的合规审查。

基于IFC的数据结构，可兼容不同深度设计成果的结构化信息，并进行相应的业务拓展，对于IFC输入的条文自动合规审查已有较为成功的商业化产品案例。

六、科技应用工程

（一）深圳市长圳公共住房及其附属工程

1.项目概况

项目规模与理念：项目位于深圳市光明区凤凰城。项目总用地面积17.7万m^2，总建筑面积约115万m^2，最大建筑高度为150m。项目积极推进40余项关键技术，力求打造国家三大示范、行业八大标杆、全国规模最大的装配式建筑公共住房建设项目。

主要完成单位：深圳市住房保障署、中建科技有限公司、中国建筑第二工程局有限公司、深圳市华阳国际工程设计股份有限公司。

深圳市“十三五”工程建设领域科技重点计划（攻关）项目——深圳市长圳公共住房及其附属工程

主要荣誉：住房和城乡建设部装配式建筑科技示范工程、科技部国家重点研发计划“绿色建筑及建筑工业化”重点专项综合示范项目。

2.创新技术应用

按装配式建筑标准化、模块化的设计原则，以建筑、结构、机电、内装一体化的无柱大空间装配式建筑体系为驱动，实现套内空间布局的无限生长。充分考虑预制构件生产工艺、模板利用，以少规格、多组合的理念，进行结构组合设计，使预制构件种类、外形尺寸合理化、标准化，实现安全合理、经济适用的目标。

（1）装配式结构设计关键技术体系

采用装配整体式剪力墙结构、装配式钢和混凝土组合结构、铝模为主部分预制的装配式结构以及钢筋混凝土框架+预制预应力空心楼板结构共四种结构体系，建立了装配式建筑成套技术体系，包括关键节点的创新、高效装配式结构施工及安装技术。

（2）BIM模型与智能建造管理平台集成信息化创新技术

通过建立BIM模型结合智能建造管理平台，实现装配式建筑EPC

模式下的设计、生产、运输、建造以及运维，充分体现了设计+加工+装配一体化，建筑+结构+机电+装修一体化的发展思路，利用全生命期信息交互和共享，提高全产业链的效率，以全过程信息化管理水平确立智慧建筑的信息数据基础，提升项目建设品质。

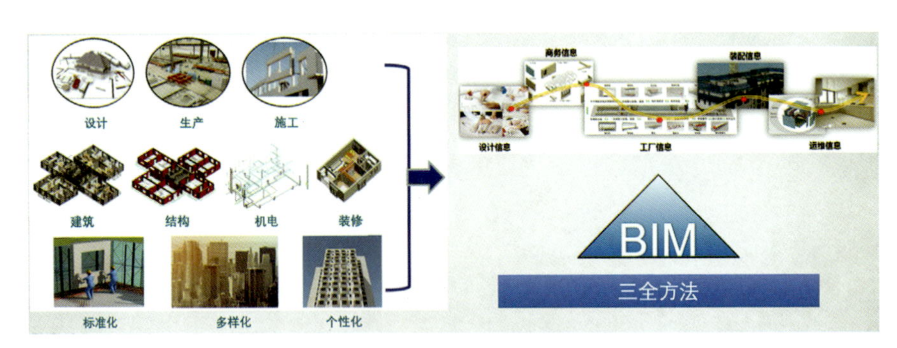

建筑全生命周期信息化管理

（3）绿色施工技术体系

通过基坑封闭降水及水收集综合利用，施工现场太阳能、空气能利用，施工扬尘、噪声控制，垃圾管道垂直运输，混凝土楼地面一次成型，筑物墙体免抹灰等绿色施工技术的应用，形成成套的绿色施工技术体系，使项目建筑能耗降低23%，垃圾减少91%，碳排放减少20%（二氧化碳减少480kg/m^2），总工期缩短30%，人工节约70%。实现了智能建造和绿色建筑，有效改善环境质量，提升建筑品质。

（二）龙华樟坑径保障房EPC项目

1.项目概况

项目规模与理念：龙华樟坑径保障房EPC项目是国内首个高度近百米、采用模块化建造的保障性住房项目，位于深圳市龙华区樟坑径地块，总用地面积为3.5万m^2，其中一期占地2.43万m^2，建筑面积17.3万m^2，包括2740套保障性住房。用地首期规划5栋28层、99.7m高的人才保障房，由6028个混凝土模块单元组成。项目设计以混凝土模块化体系为基础，力求树立湾区新型建筑工业化标杆，打造国内首个采用混凝土MiC体系建设的高层住宅类项目，实现项目全生命周期绿色建造、智慧建造。

龙华樟坑径保障房EPC项目效果图

主要完成单位：深圳市人才安居集团有限公司、中建海龙科技有限公司、中海建筑有限公司。

主要荣誉：全国首个混凝土MiC模块化高层建筑、全国首个BIM全生命周期数字化交付MiC项目、新型建筑工业化绿色与智能建造全国示范项目。

2. 创新技术应用

项目采用全过程智慧建造方式打造，融合了混凝土模块化建筑技术体系、屋顶机电房DFMA快建体系、装配式地下室等技术体系，采用数字技术打通项目的设计、生产、施工以及数字交付等环节。

（1）设计模式创新

标准化设计。根据建筑功能和经济性原则确定模块化建筑设计采用的模数数列，建筑设计统筹考虑模数要求及原材料基材的规格，选用标

装配式技术系统

准化、系列化的尺寸，提高组成模块单元的部品部件的通用性，并在符合标准化设计的同时满足建筑的多样性。

一体化设计。模块化建筑设计按一体化设计原则，实现给水、排水、供暖、通风、空调、燃气、电气、智能化、装饰等各个专业协同，

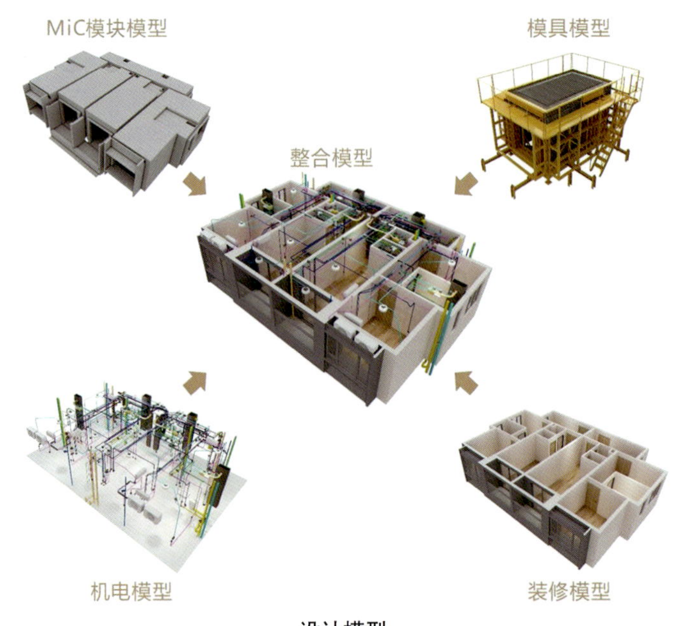

设计模型

确保模块建筑设计的系统性和完整性。模块单元的设计对结构系统、外围护系统、设备与管线系统、内装系统等进行综合协调。

BIM正向设计。由于模块化建筑在设计阶段需对各专业进行协调，BIM工具的运用能大大提升沟通效率，实现模块单元在建筑功能上的高度集成。

（2）结构体系创新

有别于传统剪力墙结构体系，该项目采用“剪力墙+连梁+混凝土MiC”的结构体系，MiC的顶板作为叠合楼板的预制部分，MiC附带桁架筋的墙模作为剪力墙的保护层混凝土参与结构受力。

（3）建造模式创新

工厂化生产。将80%左右的工序转移到工厂完成，有助于质量管控，资源节约。

一体化装修。模块单元通过内装与管线的集成，将大量的后期现场作业前置，将这些工期长、工序交叉多、管理难度大的工作内容在工厂内完成，便于精细化管理、资源节约与质量保证。

装配化施工。混凝土MiC模块既可作为内部装修的载体，也可作为后浇混凝土结构的模板，施工便捷、高效。

信息化管理。借助信息化管理平台和现代科技手段，在生产、运输、施工阶段，把控关键点，提升施工质量，科学管理，智慧施工。项

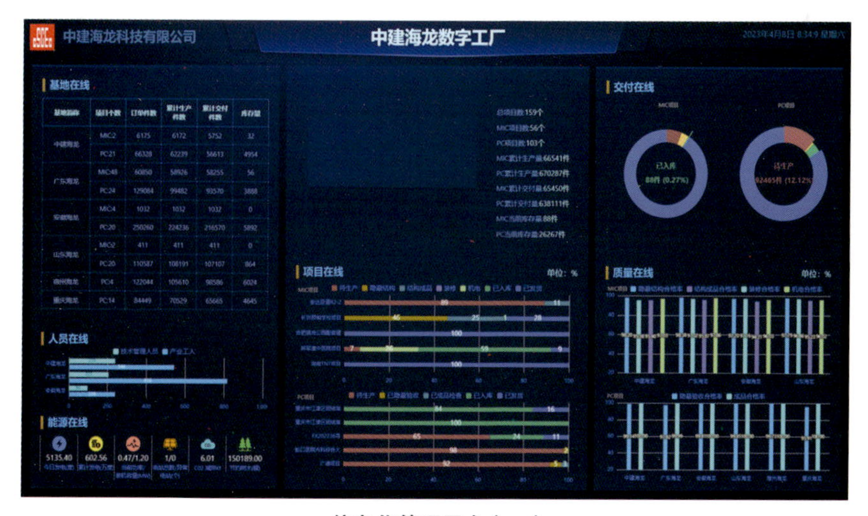

信息化管理平台（一）

目开发应用了行业领先的C-smart智慧工地系统，实现了BIM设计平台、MES制造执行系统、QMS质量管理系统、WMS智慧仓储物流系统的多平台、全环节数字联通，为建筑业向工业化、数字化、绿色化转型提供了良好示范。

信息化管理平台（二）

（三）深圳市新华医院

1.项目概况

项目规模与理念：深圳市新华医院项目是深圳市重要民生工程项目，为深圳市首座超大型医疗综合体，地上最高22层，地下4层，建筑高度99.9m，总建筑面积约509192m^2。项目设计以医疗综合体为基础，秉承开放共融的新时代设计理念，以城市整体规划为准则，从尊重城市设计入手，重视医院内部空间与周边城市空间的联动关系，营造了一处环境极佳的城市公园，强调城市公共属性，达到空间与周围城市环境的无缝融合。

主要完成单位：深圳市建筑工务署工程管理中心、中国建筑第八工程局有限公司、深圳壹创国际设计股份有限公司。

主要荣誉：第十届“龙图杯”全国BIM大赛施工组一等奖、2022“绽放杯”5G应用征集大赛公共安全专题赛二等奖。

2021年广东省建筑业新技术示范应用工程立项项目——深圳市新华医院效果图

2.创新技术应用

项目围绕“现代、绿色、人文、智慧”的理念，在设计、施工、运维三个阶段，创新采用独特结构设计和建筑业新技术，引入5G通信技术，打造5G+智慧建造、智慧运维，打造满足绿色高效、就医舒适、运维可视化的现代化医院建筑。

（1）单体式医院建筑，营造舒适方便就医环境

创新采用了单体式建筑，利用中轴对称的布局形式，在轴线上布置办理大厅、共享医技，两侧门诊模块和住院单元依次展开，营造了方便舒适的就医环境。

（2）大空间立体化绿色景观设计

巧妙利用场地内部及建筑空间环境资源，重点突出室内广场、垂直绿化、露台空间、屋顶花园等绿化空间及休闲设施设计，组成“点、线、面”有机结合的立体绿色景观，形成了多层次的景致，提供生态型的绿色环境，打造建筑、景观、使用人群相依相融，医疗、休闲、商业相结合的综合型绿色医院。

（3）基坑内支撑快速拆除施工技术

项目进一步细化每组内撑的拆换撑条件，优化拆换撑条件受力计

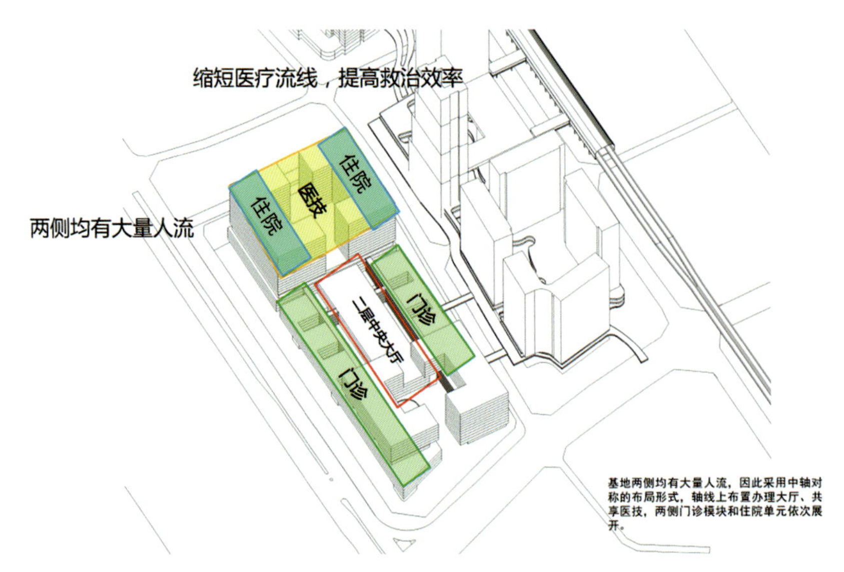

单体式医院建筑示意图

绿色景观设计效果图

算，减少封板面积，分区拆撑，加快拆撑进度，形成流水施工，提高拆换撑效率。

（4）大体积混凝土温度监测与冷却降温水循环系统

通过温度监控智能系统，实时监测混凝土的中心温度、内外温差、湿度、降温速率、环境温度及温度应变数据，再通过降温水循环系统进行混凝土降温，加快降温效率，提高混凝土质量。

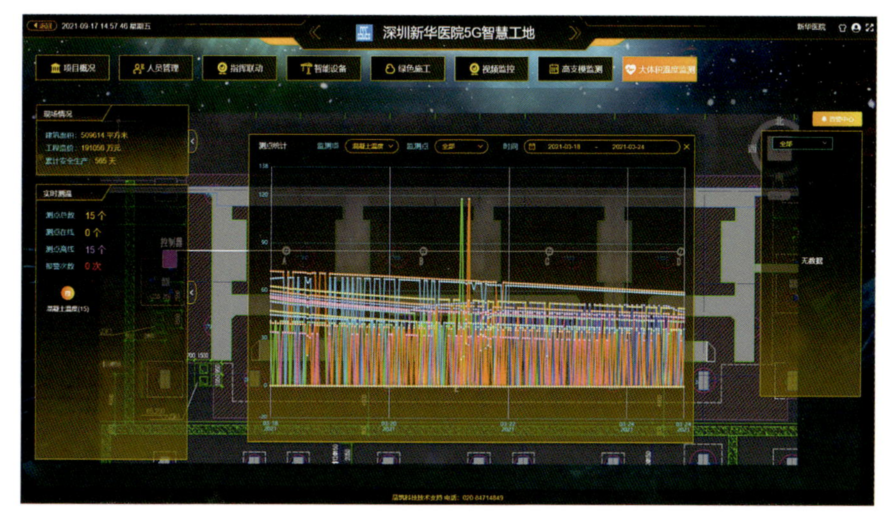

温度监控智能系统

（5）BIM+A-CFI装配式机房

结合装配设计理念、工厂预制加工技术、智慧物流技术、互联网+技术、物联网等技术的运用，将制冷机房内设备及管道从BIM设计到现场管道拼装完成整套流程，通过A-CFI技术链整合管理，提高装配式机房的安装效率和安装质量。

（6）智慧仓库系统

通过智慧库房管理平台对档案库房内所有设备进行一体化、智能化的综合管理，实现档案实体日常的智能化管理、档案实体存放环境的智能化管理、档案实体存放安全的智能化管理，全力打造“人防、技防、物防”三位一体的档案安全防范体系。

（7）BIM+AR技术

在传统交底的基础上增加BIM+AR，结合可视化手段，针对不同施工关键点，采用机电工序模拟方式，强化施工交底的作用。通过动态模拟的方式，及时发现机电安装图纸存在的问题，对施工方案进行优化，提高机电安装工程质量，直观指导施工。

（8）5G智慧工地

利用5G高速数据传输，将项目环境监测、吊钩可视化、大体积混凝土温度监测、高支模安全监测等设备数据集成至智慧平台上，丰富

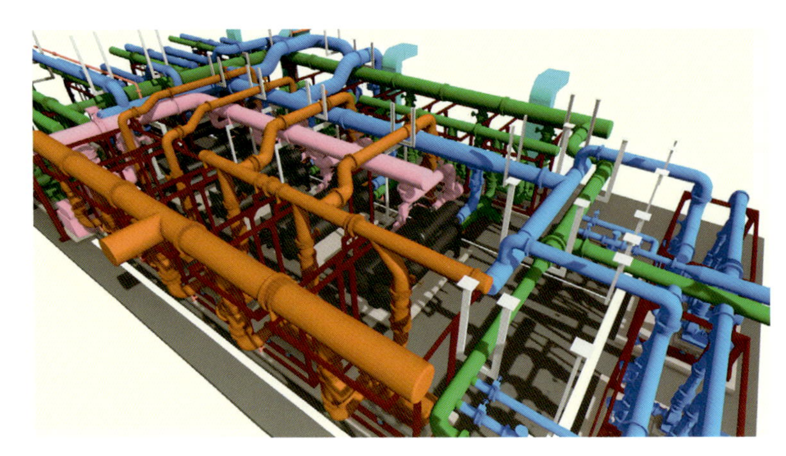

制冷机房内设备及管段效果图

了管控手段；结合无人机、智能安全帽、智能对讲机，利用5G高速网络，组建5G指挥联动系统，通过人机宏观实时直播与智能安全帽微观画面，实现远程指挥联动；以4K高清AI巡航球机为核心，利用全景监控、吊钩可视化、监控枪机组成智慧天眼系统，该系统可根据使用功能需求进行组合变化；利用现场现有常规摄像头结合AI智能分析盒，针对安全帽佩戴、口罩佩戴、临边区域、消防通道堵塞、人群聚集等危险行为进行分析预警并推送至相关责任人手机App和相关平台，提高现场安全管控能力。

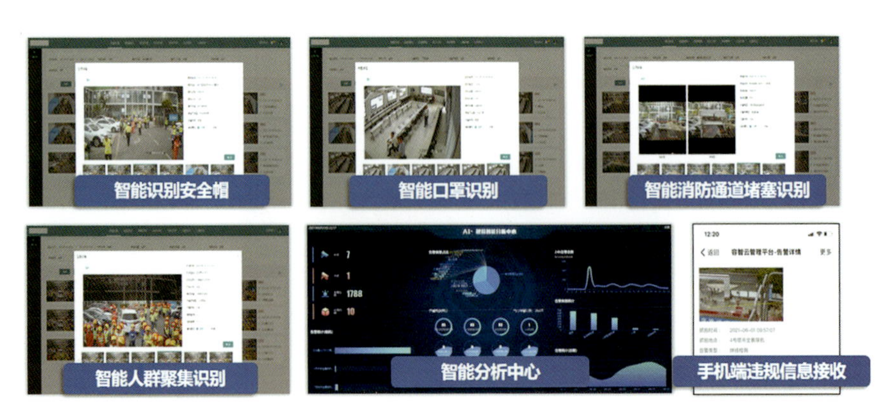

智慧管理平台

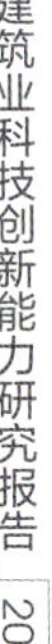

（四）深圳科技馆（新馆）

1. 项目概况

项目规模与理念：深圳科技馆（新馆）项目位于深圳市光明区新湖街道光明大道和光辉大道交叉口西北侧。项目占地面积6.6万m^2，建筑面积13.45万m^2，地下2层，地上6层，总建筑高度约57m。由科技展示区、科技影院区、创新培育区、创新交流区、业务管理区、公众服务区和科技广场区7个部分组成，被列为深圳市新一轮重点规划建设的“新十大文化设施”之一，将被打造成具有国际一流水平、代表城市形象、彰显城市品位、凸显深圳科技和创新发展的国际顶级特大型公益性科学中心。

主要完成单位：深圳市建筑工务署文体工程管理中心、中国建筑第二工程局有限公司、Zaha Hadid Limited/北京市建筑设计研究院有限公司联合体、深圳市华阳国际工程设计股份有限公司。

主要荣誉：第十届“龙图杯”全国BIM大赛设计组一等奖、第十二届“创新杯”建筑信息模型（BIM）应用大赛一等奖。

2. 创新技术应用

项目围绕“绿色、健康、智慧、舒适”理念，在设计、施工、运维三个阶段，创新采用独特结构设计和施工技术，引入BIM运维管理平台技术，为管理方提供一套更为智慧、安全、长效的综合管理平台，将智能化、机电设备、环境管理、能源管理、人员管理等多角度的系统及

2022年深圳市工程建设领域科技计划项目——深圳科技馆（新馆）效果图

管理需求进行一体化整合。

（1）顶层金属屋面系统

金属屋面系统连续不断地形成雨滴覆层系统，并形成直立的接缝。屋面外墙天窗为下方的办公空间以及MEP出口所需的百叶窗板提供自然采光。檐槽隐藏在面板后面，可实现从墙到屋顶的无缝过渡。

顶层金属屋面系统效果图

（2）INCO法不锈钢板金属幕墙无焊接安装技术

项目幕墙采用2mm厚的采用INCO法生产的不锈钢板作为基材，材料耐磨、耐腐蚀和加工性能良好，板材生产过程污染小。金属面板的安装采用无焊接的机械连接技术，并创新性地采用万向调节安装系统，可保证通过三次调节，消除安装与加工误差。

（3）免埋件钢柱脚精确安装技术

采用下插短钢柱安装技术，首节组合型钢柱在底板混凝土中下插深度1m，并采用一套可循环使用的下插钢柱辅助装置，可将首节钢柱重量分散到下插钢柱辅助装置上，再传递到楼板上，提高施工效率，保证工程质量。

（4）基于BIM的智慧工地施工管理技术

集沙盘—系统集成大屏—BIM应用—安全体验—党建宣传于一体的智慧应用展示区，具有智能化、体验化、集成化、信息交互等优势，

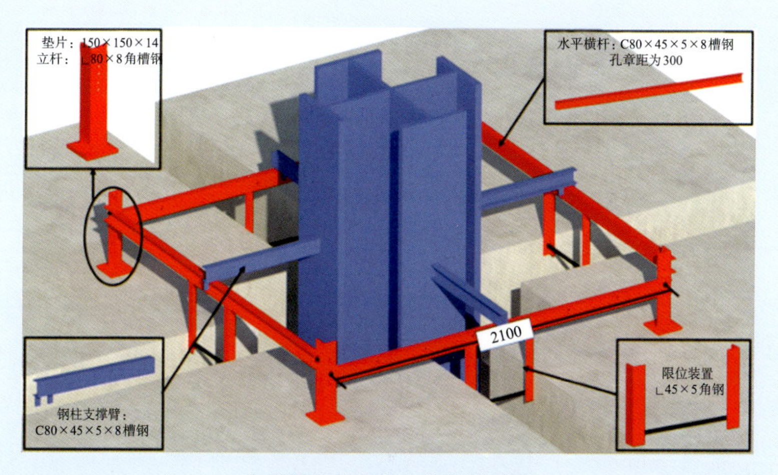

免埋件钢柱脚精确安装效果图

更加适合未来绿色建造、智慧建造的发展要求。

（5）智慧运维物业管理系统与建筑信息无损互联

利用物联网、云计算、AI技术、数字孪生等先进技术为科技馆建设智慧运维体系，升级运维模式，实现建筑本体和设备资产的高效运维和健康运行，形成一整套智慧运维建设标准并复制推广。

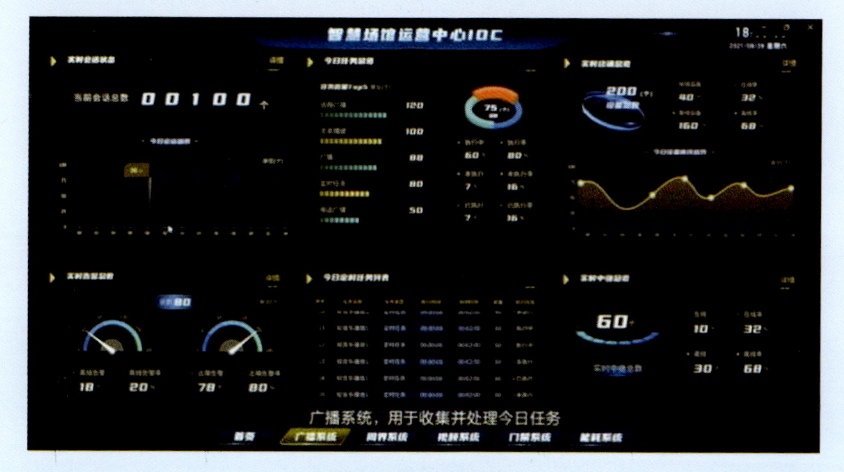

智慧运维物业管理系统

（五）深圳宝安国际机场卫星厅

1.项目概况

项目规模与理念：深圳宝安国际机场卫星厅项目位于深圳市西南部，T3航站楼北侧，占地面积为16万m^2，总建筑面积为24万m^2，地下1层，地上3层，局部4层，建筑高度最高27.65m，代表着机场及城市的形象，体现了深圳的城市特色及文化气质，是一座多样化旅客体验机场，一座绿色机场，一座智慧型机场。这是深圳机场集团贯彻落实市委、市政府决策部署，倾力打造的重点民生工程项目，是前海合作区扩区后首个建成投用的百亿级项目，也是深圳机场“十四五”期间首个建成投运的重要设施。设计年旅客吞吐量2200万人次，新建设42个廊桥，进一步提高了深圳机场的保障能力，提升了深圳国际航空枢纽的发展能级及在粤港澳大湾区的中心位置，力争打造一座现代化国际航空港。

主要完成单位：深圳市机场股份有限公司、中国建筑股份有限公司、广东省建筑设计研究院有限公司。

主要荣誉：2023年中国建设工程鲁班奖、2023年中国安装之星、第十五届中国钢结构金奖、广东省土木协会科学技术一等奖。

2019年住房和城乡建设部科技计划项目——深圳宝安国际机场卫星厅实拍图

2.创新技术应用

项目围绕“绿色、智慧、品质、舒适”理念，基于绿色施工系列技术、高品质综合设计与空间营造技术、智能化控制及不停航运营施工技术等，实现了“建筑、结构、幕墙、屋面、装修”一体化设计，实现“新旧”机场航站楼间的智慧融合和资源再生利用及建筑固废零排放。

（1）滨海滩涂地区大体量土石方的长距离皮带输送技术

土（石）方受外运通道、车改政策等因素影响，参考皮带输送机工艺技术作为突破点。在无类似项目参考的情况下，根据土方长距离外运、运输体量大、装船以及多样性土方等工程特点对皮带输送机输送技术进行改良。本技术的应用缩短了工期、节约了成本、减少了污染，解决了项目出土的难题。

滨海滩涂地区

（2）混凝土废弃物资源化综合处理技术

采用“移动式破碎站+全自动压砖车间+再生混凝土搅拌站”和“破碎站+水稳站”的方式对建筑废弃物进行减量化处理和资源化利用，使得建筑废弃物的处理率达到95%以上，既有效解决了废弃物的处理难题，避免了环境污染，又实现了降低成本和创造效益的目标。

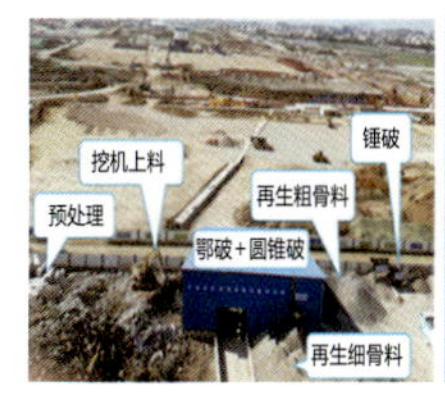

移动破碎站+压砖车间+再生搅拌站+再生水稳站

（3）沿海地区双曲面高抗风揭性能金属屋面施工技术

通过T形固定座连接节点、装饰面板的连接节点的优化以及设计通长抗风夹具，大幅提高了屋面系统的整体抗风揭性能；T形固定座抗拔力可达到设计值的6倍以上，屋面抗风压值远超过1.6倍设计风压值，有效解决了因温度变化滑移导致夹具与T形固定支座错位偏移带来的不利影响，提高屋面的耐久性，可减少后期维保费用。通长抗风夹具综合替代了屋面装饰板连接件和龙骨，节省了龙骨材料，可大幅缩短工期。

T形固定座螺栓固定+弧形通长抗风夹+装饰铝板安装固定

（4）已运营地铁微距离的桩基施工技术

通过全套筒全回转钻机+旋挖机挖孔和人工挖孔相结合的成孔方式，结合创新的桩孔位置判断图，在原本施工风险高、工期紧的条件下，快速、优质、安全地完成施工任务。在桩基与地铁结构超微净距为35cm的情况下，桩基施工前后地铁隧道结构最大变形值仅为2.4mm，完美达成地铁隧道保护的目标。

全套筒全回转、旋挖机+人工挖孔

（5）悬挑式仿清水混凝土的异形预应力斜柱施工技术

通过悬挑式仿清水混凝土的异形预应力斜柱施工技术极大地缩短悬挑斜柱支撑体系搭设的时间，快速准确调整斜柱模板至设计定位，并通过合理组织普通钢筋、预应力筋以及模板等工序穿插提高了斜柱施工效率。

钢筋、预应力筋施工+模板支撑体系施工

（6）大型民用机场全专业BIM协同深化设计综合技术

深化设计涉及预应力、钢结构、幕墙、金属屋面、精装修、机电安装等，各系统的深化任务重，工期紧，深化设计管理将影响工程的进展。通过本技术，提高了项目协同深化设计的效率，各专业深化图送审节点提前，有效缩短了深化设计周期，为各专业提前介入施工创造条件。提高了项目各专业深化设计的质量，减少了专业间的碰撞冲突，避免后期施工阶段的现场二次加工，有效节约了后期拆改费用。深化设计成果通过信息流直接传递至运维阶段，避免后续运维的反复工作，降低了后期运维成本。

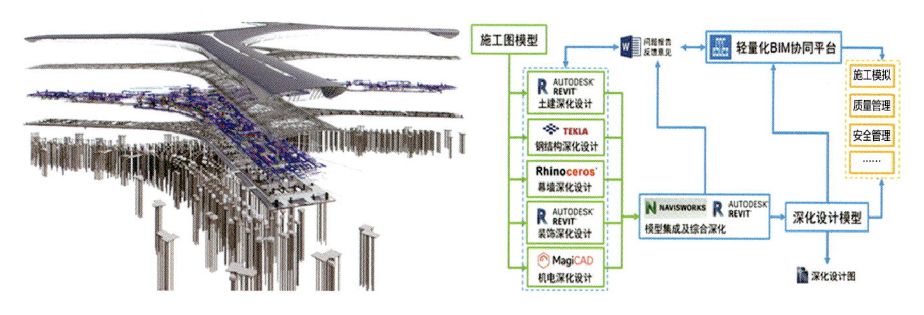

全专业BIM协同深化+综合深化设计路线

（7）废水污水一体化处理应用技术

施工场地面积大，土方开挖、基坑支护、桩基工程施工对环境影响较大，且场地内市政排水排污设施不完善，因此项目采用了泥浆净化、压滤机泥浆处理和中水处理应用技术，避免降雨和施工对周边环境造成的泥浆溢流、水体污染等问题。

废水回收利用系统+一体化污水处理系统

（8）填海地区紧邻地下交通隧道的桩基施工

本工程位于穗莞深城际隧道和地铁11号线上方，均采用双跨转换结构方案，左右线之间设一排灌注桩，桩基施工对隧道周边土体产生扰动较大，容易对地下建构筑物造成位移、变形、松动、开裂、漏水等情况。该技术通过数据模拟分析施工组织，利用人机组合的成孔方式，减少了桩基施工对隧道周边土体的扰动，保证了隧道的安全和正常运营。

桩基施工模拟示意图+桩基施工后隧道竖向位移图

（9）紧邻已运营地铁上盖转换结构微扰动施工技术

通过分层分段的基坑开挖技术，既有地下连续墙与支撑梁的精力切割技术，卸土后的隧道反压技术以及对隧道变形监测，在原本施工风险高、工期紧的条件下，快速、优质、安全地完成施工任务，最终地铁隧道最大累计变形仅为3.0mm，为地铁11号线保护区的安全施工作出了巨大的贡献。

（六）平安金融中心

1. 项目概况

项目规模与理念：平安金融中心由中国平安集团综合开发，位于深圳市福田区1号；占地面积1.8万m^2，建筑高度：裙房≤52m、塔楼≥450m。总建筑面积45.9万m^2，塔楼东、西、北三面直接落地，地上118层，是一个集总部办公、商务办公、观光、影院、会议以及地下停车、设备用房等多功能于一体的大型城市综合发展项目。其设计灵感来自早期经典摩天大楼，基于对称的锥形，建筑在底部较为舒展，向空中慢慢升高，最终达到600m的钻石宝顶。塔楼细长的建筑形式既具有时代感又富有标志性，代表了深圳这座城市不断进取、积极向上的意愿。

主要完成单位：深圳平安金融中心建设发展集团、中国建筑一局（集团）有限公司。

主要荣誉：国家级工法2项、省部级工法19项、发明专利20项、实用新型专利25项、省部级以上科学技术奖10项。

深圳市“十三五”工程建设领域科技重点计划（攻关）项目——平安金融中心实拍图

2.创新技术应用

通过理论分析、模型试验、现场实测、工程实证等步骤，实现产学研用协同创新，解决了国内新颖的超高层结构体系对施工带来的一系列挑战，并系统研究取得了“设计理论、工程实践、产品研发”三个层次、八个方面的创新成果，完成了600m级别超高层建筑建造的施工关键技术研究与实施。

（1）双基站固定基线的整体联合平差方法

该方法大幅提高了超高层建筑结构精确定位和变形测量的精度，解决了超高层建筑施工和变形测量的关键技术难题。自主研制了北斗卫星三系统八频兼容接收机，打破了进口设备的技术垄断。

（2）巨型伸臂桁架斜腹杆与巨型斜撑提前闭合预留缝隙技术

通过对延迟节点的焊前监测及数据分析，合理评价巨型斜撑的结构安全性及提前焊接的可行性，解决了超高层建筑幕墙封闭滞后造成精装修无法及时开展的难题，并对类似超高层建筑延迟节点的焊接时间具有指导性意义。

（3）变角度倾斜爬升装置和多点小吨位连续变截面同步液压爬升模架体系

通过研制出变角度倾斜爬升装置和多点小吨位连续变截面同步液压爬升模架体系，解决了超高层建筑半凌空变角倾斜巨型钢骨混凝土柱的施工难题以及核心筒结构复杂多变的施工难题，实现了流水施工，大幅度节约劳动力及资源投入。

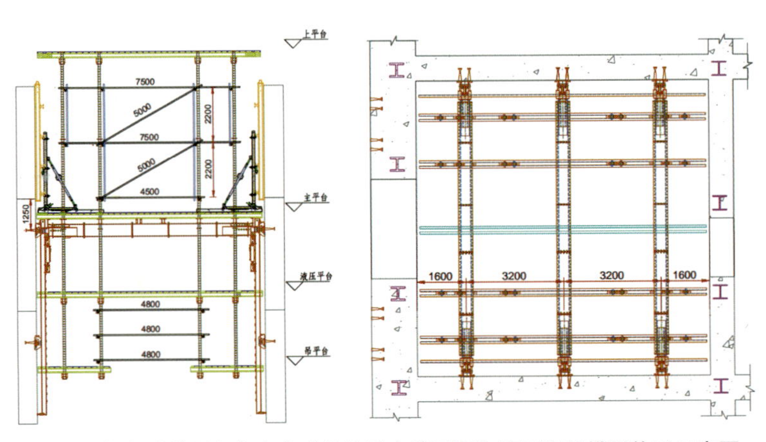

变角度倾斜爬升装置和多点小吨位连续变截面同步液压爬升模架体系示意图

（4）创新采用正反交替形式的单面坡口、分段倒退焊接、基岩裂隙灌浆止水、二次微差光面爆破、微型桩超前支护等技术

项目创新采用正反交替形式的单面坡口、分段倒退焊接等技术，成功解决了钢结构形式复杂、截面大且异形等施工难题，实现了安全、高效施工；创新采用基岩裂隙灌浆止水、二次微差光面爆破、微型桩超前支护等技术，解决了8m超大直径人工挖孔爆破嵌岩端承桩的施工难题。

（5）围护体与主体相互协调的基坑支护设计理念

通过“环中套环”的双圆环内支撑体系，解决了超深基坑设计与施工难题，实现了超高层建筑基坑的快速连续施工。

（七）华润总部大厦

1.项目概况

项目规模与理念：华润总部大厦位于深圳南山后海核心区，建筑面积26.7万m^2，建筑高度392.5m，地下4层，地上66层，为一栋超高层甲级写字楼。华润总部大厦设计灵感来自“春笋”，通过塔楼的整体形态以及圆锥形的弧形体量加以诠释，体现生生不息、无限创新的精神。

深圳市“十三五”工程建设领域科技重点计划（攻关）项目
——华润总部大厦实拍图与效果图

华润总部大厦占据有利的位置，可以捕捉到深圳湾全景和大湾区的城市天际线，现已成为粤港澳大湾区的新名片。

主要完成单位：华润深圳湾发展有限公司、中国建筑第三工程局有限公司、悉地国际设计顾问（深圳）有限公司。

主要荣誉：2020年中国建设工程鲁班奖、第十三届中国钢结构金奖、广东省土木协会科学技术一等奖2项、中施企协科学技术二等奖2项。

2.创新技术应用

项目围绕“绿色、健康、智慧、舒适”理念，在设计、施工、运维三个阶段，创新采用独特结构设计和施工技术，引入智慧物联技术，基于BIM+IO智慧运维、能耗管理、信息管理，打造外观精美、办公环境灵巧、运维可视化的超高层建筑。

（1）顶底部交叉网格加强的纤细密柱框架—核心筒结构体系

相比传统巨型柱和稀柱框架，该框架体系竖向力传导更加高效，兼顾抗侧力；同时由于外框环形的套箍约束，提高了框架柱的稳定性，有效提高了项目成本效益，缩短了施工周期。

华润总部大厦核心筒结构

（2）梁柱全偏心节点设计

结构外框梁柱采用全偏心节点，即外环梁与外框钢柱连接时，外环梁完全位于外框钢柱的内侧，钢柱伸出牛腿并使用折形水平加劲板局部加大节点，满足“强节点、弱构件”的设计原则，并且不降低结构整体刚度，实现超高层建筑室内无柱空间设计，增加了建筑使用面积，提高了经济效益。

（3）超高层圆锥状预应力张弦结构塔冠施工

通过对中空圆锥状结构采用仿形胎架进行支撑，对钢框架曲面结构预留洞安装过程采用马鞍形胎架、外侧结构加强及分组焊接的方法，对竖向张弦结构采用底部分级分组、对称同步张拉的方法，解决了在高空中空圆锥钢网格结构安装变形控制及56组对称竖向张弦结构张拉施工的难题。

塔冠施工示意图

（4）无平台环境下锥形塔冠外挂塔吊大臂结构及塔吊支撑架拆除施工

项目动臂塔吊采用小塔拆大塔方法，创新性采用“顶部拉悬挂+中部支撑”的拆除方式安全拆除，通过在塔吊大臂顶部设置悬挑吊装平台、中部设置支撑平台、塔吊支撑架上设置临时周转平台、底部悬挑钢平台，利用塔吊起重钢丝绳牵引下落，变幅钢丝绳辅助调节塔吊大臂姿态，将塔吊大臂在300m以上高空顺利拆解。

（5）新型可变自适应微凸支点智能控制顶升模架

通过支撑与顶升系统支撑在内核心筒墙体上，模板及附属设施悬挂或附着在钢框架系统顶部及四周。该模型安全性高、适应性强、集成度高。

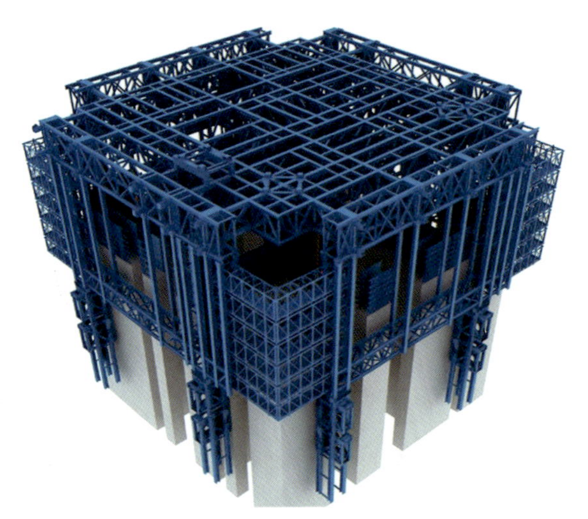

智能控制顶升模架示意图

（6）基于智能集成平台状态下核心筒斜墙段施工

采用新型自适应支撑系统，智能集成平台支撑架进行可变角度设计；承力件沿墙体倾斜放置，端部爪箱以支撑架底部旋转销轴为轴做开合运动，通过顶部定位销轴进行定位，实现倾斜和垂直角度的变化。

（7）冷热站机电工程逆做法施工

采用机房倒装法，先用BIM对板换机房进行一比一建模，将所有细节均在模型中体现。另外对BIM模型进行抓点，采用机器人全站仪精确放线。现场制作胎架，管线按BIM图合理放置，精确定位。

冷热站机房

（8）智慧运维物业管理系统与建筑信息无损互联

采用物联网整体架构，利用云端服务集中管控，将建筑全生命周期信息进行整合，将建筑运维中的各个系统“串联”，实现功能的多元化，实现了实体安装与功能的完美呈现，为智慧建筑的运维提供一个综合性的平台。

（9）基于BIM+IOT智慧运维、能耗管理、信息管理

监控系统与BIM结合技术，基于BIM+IOT的能耗管理技术，使用图表类、纵横直方图、各类排序规则等方式进行数据直观表达；基于建筑的BIM数据模型和采集的大量能耗数据，从多个角度对建筑进行节能减排的分析，对特定时间段的环比或同比数据进行统计，依据接入本系统的各类设施设备的运维记录情况以及客观条件进行智能分析，并揭示导致数据差异的因素。

智慧运维管理系统

（八）腾讯滨海总部大楼

1. 项目概况

项目规模与理念：腾讯滨海大厦占地1.86万m^2，建筑面积34万m^2。腾讯采用“微瓴”物联网类操作系统及自身的技术和产品，将滨海大厦变成了一座名副其实的“物联网科技大厦”。

主要完成单位：腾讯云计算（北京）有限责任公司。

腾讯滨海总部大楼实拍图

主要荣誉：参与国家住房和城乡建设部协同创新发展方向及建筑物联网标准制定、参与《智慧建筑建设与评价标准》编写，参编ITU-T SG20国际标准、《智慧建筑楼宇控制系统安全技术要求》《智慧城市基础设施智慧建筑信息化系统建造指南》《数字孪生应用案例》《数字孪生概念和术语》。

2.创新技术应用

运用大数据、AI（人工智能）、BIM+IOT智慧运维、能耗管理、数字空间、通信等技术打造外观精美、办公环境灵巧、运维可视化的超高层建筑，建造全国首创的3D可视化管理智能大厦。

（1）基于大数据+AI技术的建筑能耗分析与管控

通过微瓴实现建筑内各类用能设备的数据采集、清洗、AI分析及反向控制，形成数据驱动的能源管理闭环，全面提升建筑能效，监测能耗数据变化，进一步支撑大厦能耗降低目标的推进。结合空调系统、照明系统等能源基础设施及其先进管理，通过全域物联、大数据分析、人工智能前沿技术等手段，实现能源精细化管理、能源设备设施预测性维护、基于大数据机器学习节能优化控制。

（2）运用数字孪生技术和IOT实现智慧运营

在信息化新基建、数字孪生、全域互联的坚实基础助力下，结合智慧应用服务，体现运营价值，通过园区综合体移动端应用穿针引线，结合腾讯C2B优势，在访客、门禁、考勤、消费、资源预约等身份识别场景，通过移动终端增值应用创造实体服务价值，并充分利用数据资产与数字孪生体系的多维度场域信息有机结合实现总体运营综合效果。

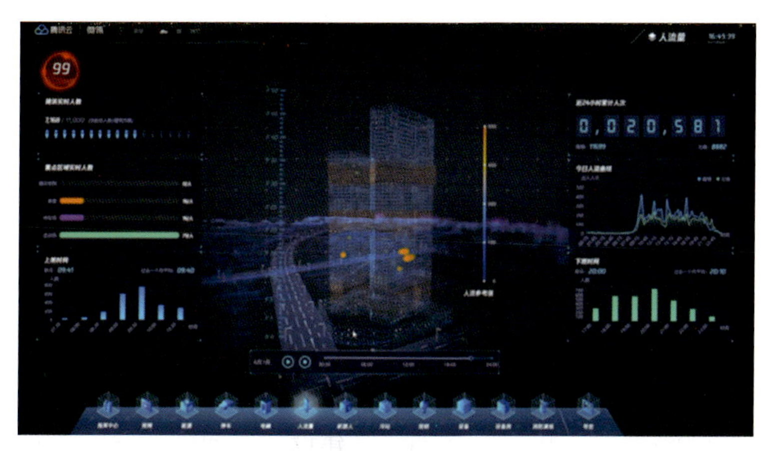

智慧运维管理系统（一）

（3）孪生技术与AI技术辅助管理决策、提高运维效率

对滨海大厦电梯等特种设备实行只监不控的孪生策略，全面掌控全区内建筑电梯运行安全状态，实时反馈设备异常，分析预测设备运行态势。通过单灯单控、回路控制、场景模式控制等多种形式，对照明系统进行数字化管控。

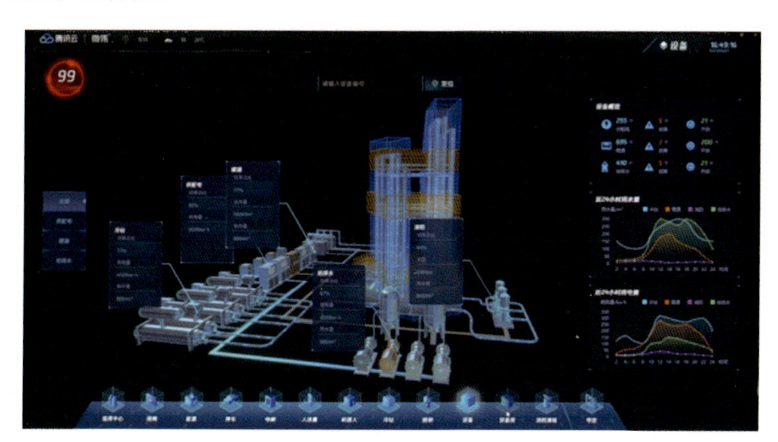

智慧运维管理系统（二）

（4）基于BIM+IOT智慧运维、能耗管理、信息管理

基于建筑的BIM数据模型和采集的大量能耗数据，从多个角度对建筑进行节能减排的分析，对特定时间段的环比或同比数据进行统计，依据接入本系统的各类设施设备的运维记录情况以及客观条件进行智能分析并揭示导致数据差异的因素。

（九）大疆天空之城大厦

1.项目概况

项目规模与理念：大疆天空之城大厦位于深圳南山留仙洞总部基地，总建筑面积24.07万m^2，项目由东西两栋塔楼及一座高空连桥组成，其中西塔建筑高度193.1m，地上44层，东塔建筑高度211.6m，地上48层，地下室连通，地下4层。大疆天空之城大厦的设计师采用了架空层的设计理念，12个箱体悬挂交错布置，让行人产生一种“悬浮飘逸”的空间美感。

主要完成单位：中国建筑第四工程局有限公司、深圳市大疆创新科技有限公司、中建钢构工程有限公司、中建五局安装工程有限公司、深圳市华阳国际工程设计股份有限公司。

大疆天空之城大厦效果图

主要荣誉：2022年广东省优质结构工程、第十届“龙图杯”全国BIM大赛综合组一等奖、第六届国际BIM大奖赛（香港BSHK）一等奖、第二届“智建杯”智慧建造创新大奖赛综合组金奖。

2.创新技术应用

项目通过对非对称建筑建造过程及技术的研究，总结相关技术成果，合理规划空间的使用功能，使结构与功能相统一；通过合理的材料分配和高强度钢的使用，最大限度发挥材料的优势，提高其安全系数；顺利实现“承托”向“悬挂”的转换。

（1）对称悬挂建筑“空间融合”设计理念及技术

在超高层办公楼建筑创新设计底层全架空，保证了低层日光照射率，实现低层自然采光；拓展了低层视野空间和地面公共空间，增强了建筑与城市人文环境的协调性；引入自然通风，改善了整体的风环境；实现地面绿化环境、交通环境等主动融入城市环境。

（2）巨型悬挂体“胎架支撑、临时转换桁架承托”逆作安装技术

该技术一方面缩短了悬翼结构体系施工与落地支撑结构施工的工艺间隔，另一方面悬翼结构体系可以自下而上进行安装，加快构件吊装速度的同时使吊装安全性更有保障。

大厦南侧广场效果图

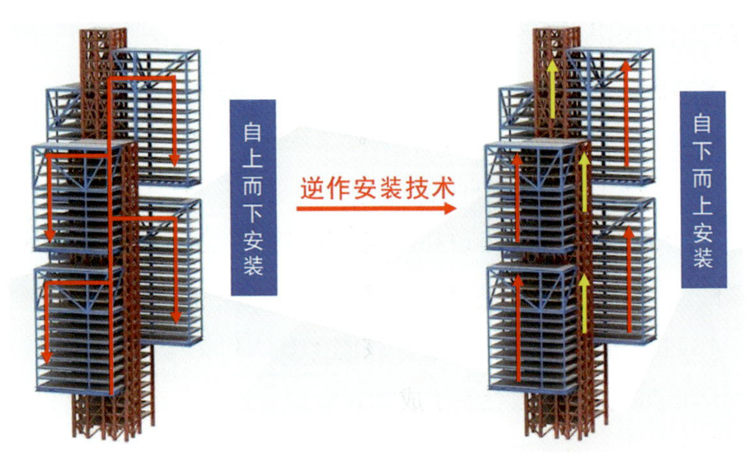

逆作安装技术示意图

（3）非对称悬挂体“分步加载、悬挑预抬”钢结构变形控制技术

针对非对称巨型悬挂结构体系，提出了一种悬挂体“分步加载”的变形控制技术，该技术能较好地控制整体结构的变形及其内力，同时提高施工质量、安全保证以及安装精度等。

（4）非对称悬挂体楼盖变形协同与舒适度控制技术

采用基于英标CCIP（2006）（*A Design Guide For Footfall Induced Vibration of Structures*）与有限元方法评估楼盖的振动舒适度，发现大变形体系下，楼面次梁创新采用较高的截面形式，并在腹板中预留机电洞口，既可为楼盖提供较多的舒适度，又可节省楼层净高。

（5）非对称悬挂体幕墙变形协同技术

针对核心筒和悬挂层之间剪力值大且竖向变形值存在差异的突出问

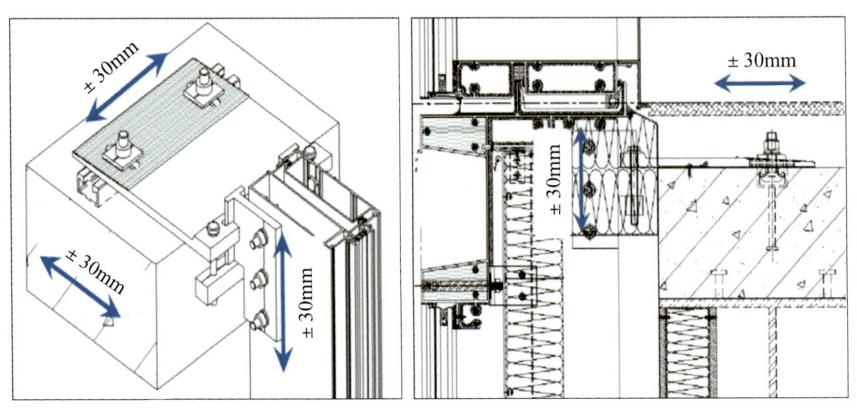

幕墙预留收缩缝示意图

题，提出梁柱采用半刚性连接以及板内设置支撑或钢板带措施。计算分析了纯钢悬挂结构幕墙受力及变形特点，明确了幕墙变形控制要点，优化大变形体系下的幕墙安装措施，保障了悬挂结构幕墙体系正常。

（6）高空悬索桥的变形自适应技术

创新性将桥梁进行分段切割以便于吊装施工。采用“分段滑移”技术将连桥分段运输至楼层内指定位置后再进行焊接拼装；对连桥中间段采用“双机抬吊”的方式安装。该施工技术保证了空中连桥安装精准，施工快捷安全，有效控制了成本。

安装滑移轨道+连桥分段滑移安装

中间段双机抬吊+拉索拉杆安装

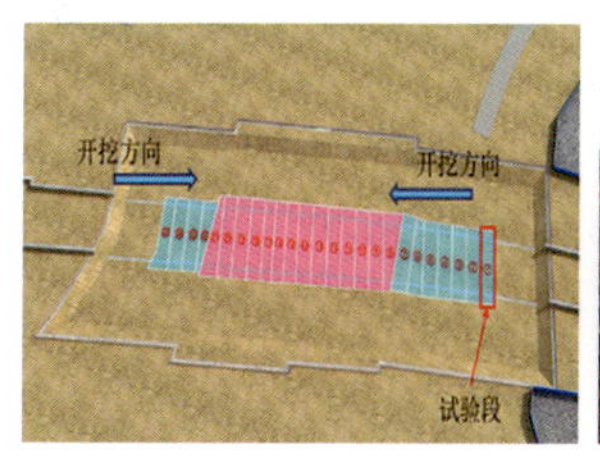

分段分层抽条开挖+静力切割+已浇筑转换板负荷反压

（十）未来大厦

1. 项目概况

项目规模与理念： 未来大厦位于国际低碳城核心启动区，占地约1.10万 m^2，总建筑面积约6.3万 m^2，计容面积4.88万 m^2。项目总体定位为面向行业开放的重大场景式创新平台，绿色科技创新、绿色生活创意基地。未来大厦跨界融合新型景观建筑、数字化建造、模块化建造、建筑虚拟电厂、近零碳排放建筑、群智能建筑等十余个绿色技术集成中试体系，形成多项技术概念验证与场景化研发推广实验基地。

主要完成单位： 深圳市建筑科学研究院股份有限公司、中建科工集团有限公司。

主要荣誉： 2019年5月入选中美建交四十周年40项科技成果和联合国开发计划署（UNDP）中国建筑能效提升示范项目展示绿色建筑成果，2021年10月荣获Active House10周年国际大奖（全球仅三项）。

未来大厦实拍图

2.创新技术应用

（1）主次结构分离+内胆数字化建造技术

项目采用了主次结构分离+内胆数字化建造技术实现“可变空间”，以最小的改动适应全生命周期使用需求动态变化。以钢结构技术实现建筑主承重结构、内胆及外皮结构分离，在各类建筑内胆空间实现以数字化建造为核心的模式化、3D打印等建造技术，实现建筑全生命周期内的空间灵活可变。

（2）被动式、主动式节能技术

基于气候、场地和使用特征，采用被动优先、主动优化、创新集成的策略，集成了自然通风、自然采光、建筑遮阳、绿化隔热、高性能建材等被动式节能技术，采用了变频多联式空调、高效LED照明、新型智能控制系统等主动式节能技术。

（3）“光储直柔”技术

采用“光储直柔”分布式光伏和蓄电相结合，能够有效地消纳光伏发电量，同时提高建筑负荷调节能力。与南方电网联合开展了需求响应测试，在半小时的响应时间内将平均60kW左右的用电负荷降到28.9kW，响应削峰比例达到51.6%。建设“光储直柔”建筑虚拟电厂系统。

（4）海绵生态系统

海绵系统与景观、都市农业和社交场所空间融合，通过绿色蓄水屋面、雨水源头利用、雨水水系场景等构成多元三级混合景观海绵承载空间，实现年径流总量控制率达77%（超同类项目66%的政策要求），实现景观水体全年由雨水补水，且通过构建水生态平衡体系实现景观水体水质的低成本维护。采用种植土再生技术营造生态生境，实现生物多样性再造，人与自然融合共生。